Subversive Christianity

— Imaging God in a Dangerous Time —

# 세상을 뒤집는 기독교
— 바벨론 시대를 사는 그리스도인의 비전

이 도서는 새물결교회의 이철진, 이지영 집사의 번역료 후원으로 출판되었습니다.
출판 사역을 위한 기도와 후원에 깊이 감사드립니다.

# 세상을 뒤집는 기독교
## — 바벨론 시대를 사는 그리스도인의 비전 —

브라이언 왈쉬 지음 | 강봉재 옮김

Holy
WavePlus

친구이자 동역자인 리처드 미들턴에게

# 차 례

현대문화는 어디로 가고 있는가? 그리스도인들은 현대문화 속에서 어떻게 살아야 하는가? 이러한 질문을 던지는 사람에게 주어지는 답변은 질문자들을 오히려 혼란스럽게 만들곤 한다. 그렇지만 이런 질문조차 하지 않는 사람들은 '어리석은 자의 낙원'(어쩌면 '어리석은 자의 지옥')에서 살고 있는 것이나 다름없다.

브라이언 왈쉬는, 작지만 도전적인 이 책에서 현대문화의 주요 이슈들과 정면대결을 펼친다. 왈쉬는 충분히 그럴 만한 자격이 있다. 왈쉬는 현대문화와 현대문화에 대한 기독교의 다양한 논쟁을 오랫동안 깊이 연구해 왔기 때문이다. 이제 우리 앞에, 깊이 고민해왔던 결과가 매우 명쾌한 형식으로 주어져 있다. 또한 왈쉬는 성경, 그 중에서도 구약성경신학을 깊이 연구해 왔는데 성경 본문들, 특별히 예레미야서에 대한 주석은 독창적이며 의미심장하다. 왈쉬의 연구로 인해 그 본문들과 예레미야서는 새롭게 되살아났다. 그의 해석을 읽으면 그가 주석한 본문에 대해 설교하고 싶은 마음이 간절해진다. 왈쉬가 성경와 현대세계를 결합하는 방식은 설득력 있을 뿐 아니라 독창적이다.

기독교적인 관점에서 현대문화를 분석한 책들은 대체로 특정 정치체제의 실패를 고소한 눈길로 바라보면서 비난을 퍼붓는다. 하지만 왈쉬는 그렇지 않다. 예컨대, 자유민주주의에 대한 그의 기독교적 비판은 매우 진지하고 신중하다. 그렇다고 그의 비판이 승리주의적인 어조는 아니다. 우리 문화는 지금 가쁜 숨을 쉬고 있다. 이에 우리가 보여야 할 가장 적절한 반응은 예레미야와 함께 눈물을 흘리는 일이다. 왈쉬는 예레미야의 모범을 따라 나쁜 소식뿐 아니라 좋은 소식 또한 선포한다. "역사의 종말" 너머에 소망이 있다. 그리스도인으로서 그리고 인간으로서 우리는 수행해야 할 중대한 과제들을 갖고 있다. 이 과제들은 오늘날의 악들에 대한 저항뿐 아니라 아름다운 세상을 만드셨고 지금도 이 세상을 재창조하고 계시는 하나님에 대한 소망 가운데 사람들에게 알려져야 한다.

왈쉬는 우리 세대에게 다양한 방식으로 기독교의 지혜를 선사하는 강연가이자 작가로서 이미 많은 독자를 확보하고 있다. 이 책을 통해 그의 명성은 더 높아지고 더 많은 독자들을 확보하게 될 것이다. 왈쉬는 다양한 독자들에게 자신의 생각을 명확하게 전달할 줄 아는 학자다. 그는 감수성이 깊은 그리스도인이며 냉철한 머리와 뜨거운 가슴을 통해 학문과 삶이 서로 긴밀한 조화를 이루게 하는 인물이다. 책을 읽은 사람들이라면 그가 열정적이고 매력적인 작가인 것을 어렵지 않게 눈치챌 것이다. 나는 『세상을 뒤집는 기독교』의 일독을 그리스도인들에게 전심으로 권한다. 많은 그리스도인들이 복음에 숨겨진 비범하면서도 급진적인 메시지를 충분히 탐색하는 데 이 책이 큰 힘이 되기를 소망하고 또 그렇게 될 것이라고 확신한다.

N. T. 라이트

이 책을 읽는 사람들 중에는 예전에 내가 리처드 미들턴과 공저한 『그리스도인의 비전』(*The Transforming Vision*, IVP 역간)을 읽은 사람들도 있을 것이다. 1984년에 처음 출간된 그 책은 기대 이상으로 과분한 찬사를 받아 왔다.

본서를 소개하기에 앞서 『그리스도인의 비전』의 출간에 관한 이야기를 먼저 하는 게 좋을 것 같다. 이 책의 최종 원고를 출판사에 막 넘길 즈음이었다. 공저자인 리처드와 나는 당시 캐나다 몬트리올에 함께 있었다. 저자 서문을 쓰고 나니 이제 정말 끝났다는 생각이 들면서 뿌듯함과 안도감이 몰려왔다. 우리는 하나님께 감사를 드리고 우리의 문서사역을 통해 하나님 나라가 확장되길 기도했다. 가볍게 포옹을 나누고 있던 리처드가 나를 쳐다보며 말했다. "그런데 말이야, 브라이언! 책에 무언가 빠진 것 같아." 이 시점에서 그런 얘기를 하니 처음에는 엉뚱하다는 생각이 들었지만 이내 나는 '대체 빠진 게 무얼까?' 곰곰이 생각해 보았다. 페미니즘, 생태계의 위기, 핵 위협 같은 문제를 소홀히 다루었다는 이야기인가? 물론 이러한 주제에 대해 더 많은 얘기를 할 수도 있었다. 잠시 후 리처드가 이야기를 꺼냈다. "이 책 어디에도 고난에 대한 얘기가 없잖아." 그랬다. 하지만 고난이 왜 이슈가 되어야 하는 거지? 리처드의 대답은 간단했다. 고난은 성경의 핵심 주제이지만 오늘날의 그리스도인에게는 완전히 잊혀진 주제라는 것이었다.

이 책은 고난을 다루지는 않는다. 이 책은 『그리스도인의 비전』에서 빠진 그 부분을 보완하기 위해 쓰여진 것이 아니다. 하지만 고난 이야기는 이 책을 이해하는 데 도움이 된다. 내 삶에서 그리고 이 책에서 내가 기독교 세계관을 체험하고, 살아내며, 또한 그것을 분명하게 표현하려는 방식은 책을 쓸 당시에는 찾아볼 수 없었던, 고난을 경험하면서 보완되었기 때문이다. 이 책을 읽으면서 접하게 될 주제들, 예컨대 바벨론 유수(幽囚), 포로생활, 애도, 슬픔, 비애 및 한탄 같은 것들은 하나같이 내가 삶에서 체험하면서 형성된 것들이다. 그러한 고난을 겪으면서 나는 다른 사람들, 피조 세계, 나아가 그리스도의 십자가의 고난까지 깊이 이해할 수 있게 되었다. 어떤 세계관이든, 그것이 성경에 기초해 인간의 진정한 삶이 어떤 모습인지를 비추고자 한다면 그것은 우리의 망가진 삶과 고난을 포괄하는 세계관이어야 함을 나는 확실히 깨닫게 되었다. 성경에 따르면 십자가 없이 부활은 있을 수 없다. 나아가 부활의 삶은 지금 십자가를 짊어지는 삶, 즉 "그리스도의 남은 고난을 채우는"(골 1:24) 삶이다. 이 책은 바로 그 맥락에서 기술되었다.

이 책을 쓰는 데 두 사람이 지대한 영향을 끼쳤고 이 자리를 빌어 감사를 표하고 싶다. 한 사람은 『그리스도인의 비전』에 무엇이 빠져 있는지를 분명하게 알고 있었던 리처드 미들턴이다. 리처드가 한 말은 우리 두 사람에게는 일종의 예언이었다. 그처럼 지혜로운 친구와 여러 해 동안 우정을 쌓아온 것을 나는 큰 행운이라고 생각한다. 리처드의 폭넓은 통찰과 깊은 영성은 언제나 힘과 용기를 얻을 수 있는 원천이 되어 왔다. 이 책 곳곳에 그의 손길이 담겨 있다. 나는 기쁜 마음으로 이 책을 그에게 헌정하고자 한다.

다른 한 사람은 리처드가 소개해 준 구약 신학자 월터 브루그만(Walter Brueggemann)이다. 독자들은 이 책 곳곳에서 내가 브루그만에게서 받았던 영향력을 엿볼 수 있을 것이다. 브루그만의 창의적이며 도전적인 정신은 나로 하여금 성경을 정확히 고찰할 수 있도록 하는 새로운 자원들을 제공해 주었다.

이 책의 각 장들은 캐나다, 미국, 영국 등지에서 나의 주장에 호의적으로 반응했던 청중들을 대상으로 한 강연에서 처음 선보였던 것이다. 이들의 격려가 없었다면 이 책은 빛을 보지 못했을 것이다. 그러나 이들 나라에서 한 강연들이 하나의 책으로 완성되기까지는 영국 청중들의 격려, 구체적으로는 제자인 폴 터비 그리고 브리스톨에 있는 레기우스 출판사의 스티브 비숍에 힘입은 바 크다.

이 책의 개별 장의 내용을 강연으로 들었던 청중들과 그 강연이 성사되기까지의 정황을 일일이 밝히려면 서문이 너무 길어질 것 같아 그만두려고 한다. 하지만 3장에 대해서만큼은 꼭 이야기하고 싶다. "기적을 기다리며"를 제목으로 하고 있는 3장은 1990년 캐나다 브록대학교의 '기독교와 문화' 강좌에서 처음 선을 보였다. 강연하던 그날 밤은 친구이자 동료였던 마이클 헤어가 비극적인 죽음을 당한 지 2년이 되는 날이었다. 마이클은 내가 온타리오 주 성 캐서린에 있는 브록대학교의 기독교개혁교회의 교목으로 있을 때 같은 대학의 IVF에서 간사로 사역하고 있었다. 마이클은 교통사고로 비명횡사한 후 아내 캐서린과 갓난 아들을 뒤에 남겼다. 나는 깊은 슬픔을 간신히 억누른 채, 캠퍼스에서 장례예배를 인도했다. 이것은 앞서 내가 언급했던 여러 고통 가운데 일부였다. 이 책의 3장을 브록대학교에서 강연하면서 나는 그 강연을 마이클을 회상하며 그에게 헌정했다. 마이클에 대한 기억을 이 책에서 간직하고 싶었기 때문이다.

기본적으로 이 책은 세계관 형성에 관한 책이다. 책에서 내가 형성하고자 하는 세계관을 책 제목처럼 '세상을 뒤집는 기독교'라고 표현해도 무방할 것이다. 물론 이 표현이 기독교 신앙에 관해 내가 믿는 모든 것을 모두 망라하지는 않는다. 하지만 문화가 타락하고 기독교가 그 문화의 포로가 된 상황에서 기독교 신앙이 취해야 할 모습 중 하나는 세상을 뒤집는 것이어야 한다고 나는 믿는다. 이 외의 다른 대안은 우리의 생각을 무감각하게 만드는 자기만족일 뿐이다. 세계관 형성은 공동체라는 장(場)에서만 가능하다. 따라서 나의 생각들을 발전시키는 데 많은 친구들의 도움이 컸음을 밝히고 싶다. 어려움을 겪을 때마다 격려하고 지지해 준 마크와 메사 하인스 부부, 제니퍼 해리스, 톰 라이트, 실비아 키스마아트, 바이런 보거, 제임스 올투이스, 닉 앤셀 그리고 행크 하트에게 특히 고마움을 표한다. 베스 보거드는 이 책을 편집할 때 귀중한 도움을 주었다. 스티브 비숍과 크리스토퍼 드룹은 원고 마감일을 지키지 못하는 저자에게 더없는 관대함을 베풀어

주었다. 마지막으로 내 아들 쥬발에게 고맙다는 말을 하고 싶다. 쥬발은 내가 이 책의 여러 부분에 대해 강연할 때마다 따라다녔다. 열 살짜리 아이에게 '어른들 이야기'는 따분했을 텐데도 쥬발은 매번 그 또래의 아이들에게는 기대하기 어려운 의젓하면서도 참을성 있는 행동을 보여주었다. 다행스러운 것은, 그 후에는 아들과 '랩 음악'에 맞춰 춤을 추고, 캐치볼을 하며, 아이스하키장에서 시간을 보낼 수 있었다는 점이다. 이러한 것들에 대해, 그리고 쥬발이 내 삶을 기쁨들로 채우는 것에 대해 하나님께 감사할 따름이다.

세상을 뒤집는 기독교

기독교의 특성에 대해 말해 보라는 질문에 '세상을 뒤집는'이
라는 말을 맨 먼저 떠올리는 사람은 이제 거의 없을 것이다. 그리
스도인들이 자신이 몸담고 있는 회사에서 일을 할 때 현재의 상
황을 변혁하는 사람들로 간주되고 있는가? 그리스도를 믿는 정
치인들은 국가안보를 위협하는 위험 인물로 인식되고 있는가?
경찰청이나 FBI는 기독교회의 예배활동을 정기적으로 감시하는
가? 그렇지 않다.

노벨 경제학상 수상자인 밀턴 프리드먼은 말한다.

회사 경영진이 주주들을 위해 가능한 한 많은 수익을 내는 일과
상관없는 사회적 책임을 다하겠다고 하는 것처럼 자유민주주의 사

회의 기반 자체를 뒤집는 행동도 없을 것이다. 이는 근본적으로 세상을 뒤집는 주장이다.[1]

프리드먼의 말은 이익을 내는 일보다 더 근본적이며, 회사의 주주들을 위해 "가능한 한 많은 돈"을 버는 데 방해가 될 수도 있는 사회적 책임이 회사에 있다고 믿는 사람은 누구를 막론하고 "자유민주주의 사회의 기반"을 뒤집어 엎는 위험한 교리를 전파하고 있다는 것이다. 실제로 기독교의 경제관은 정확히 그러한 교리를 전파해 왔다.[2] 기독교는 세상을 뒤집는 운동이다. 적어도 프리드먼의 관점에서 말이다. 나도 그렇게 생각한다.

우리의 세속문화가 제기하는 어떤 이슈들이나 국면들과 관련해 기독교에 이처럼 세상을 뒤집어 엎는 특성이 있음을 충분히 입증할 수 있다. 하나님의 형상으로 산다는 것이 무엇을 뜻하는지에 관해 다루려는 이 책에서 나는 현대사회에서 가장 중요한 영역으로 인식되는 경제에 주로 초점을 맞춰 이야기를 전개할 것이다.[3] 노동을 어쩔 수 없이 긍정하는 자본주의 사회에서 어떤 공동체가 노동이 근본적으로 선한 것이라고 주장할 때 그 공동체는 세상을 뒤집는 생각을 하고 있는 것이다. 그 이유는 노동을 괴로운 것으로, 소비를 아름다운 것으로 보는 지배 신념과 결별한다는 것은 산업자본주의라는 세계적 추세와 결별한다는 뜻이기 때문이다. 거대한 산업자본주의는 빠른 속도로 더 많은 상품을 생산하는 에너지와 자본 집약적인 생산과정 안으로 우리를 밀어 넣고 있으며, 생산품의 질을 떨어뜨리고 인간의 노동을 평가절하하며 자원들을 고갈시키고 있다. 이것이 현대사회의 근본적인 흐름이라고 할 때 어떤 공동체가 노동은 선하다 선언하고 소비와 서비스가 반드시 아름다운 것은 아니라고 말한다면 그 공동체는 현상에 역행하고 있는 셈이다. 노동은 (소비적인 여가활동이나 이와는 반대로 생산적 활동과 대비되어서는 안 되는) 삶의 필수 요소이자, 일종의 예배이며, 인간을 인간답게 하며, 이웃을 섬기고 청지기적 자세로 피조 세계를 돌보는 일에 헌신되어 있어야 한다는 주장들은 하나같이 이 세상의 생각과는 상반되는 생각이기 때문이다.

기독교는 우리 문화의 지배 질서를 뒤엎을 뿐 아니라 우리 문화의 지배 세력에 커다란 걸림돌이 되기도 한다. 이러한 걸림돌은 성경에서 말하는 '십자가의 걸림돌'과 분명 관련 있다. 기독교, 즉 부활의 관점에서 살아가는 그리스도인의 삶은 역사의 진정한 주인이 십자가에 달리셨다가 부활하신 이, 즉 하나님 나라가 가까이 왔다고 선언한 사람이라고 선언한다. 하나님 나라, 즉 하나님의 통치는 하나님 나라에 뿌리박고 있지 않은 모든 거짓된 나라들과 모든 문화적 실험들을 무력화시킨다. 하나님 나라는 그 모든 나라들과 문화적 실험들을 향해 방향을 바꾸라고 요구한다. 하나님 나라의 복음은 세상을 뒤집어 엎기 때문에 현재 체제 안에서 기득권을 갖고 있는 모든 사람들에게 걸림돌이 되는 것이다.

## 기독교 공동체와 세계관 충돌

　세속문화의 한복판에서 그리스도를 온전히 증언하고자 할 때 문제가 되는 것은 무엇인가? 기업의 역할과 기능에 대한 다른 입장들, 곧 기업의 사회적 책임, 노동자, 경영자, 주주, 소비자 사이의 관계에 대한 다른 시스템들, 그리고 이 모든 것을 통제하는 근본적으로 새로운 기준이나 규범들에 대한 이해들에 대항해 전혀 새로운 노동관을 제시할 때 문제가 되는 것은 무엇인가? 그것은 단순히 우리 사회의 경제 시스템을 다른 방식으로 조정하거나 계발하는 능력이 아니다. 기독교적 관점에서 볼 때 여기서 문제가 되는 것은 이보다 훨씬 더 심오한 것에 있다. 에베소 교회에 보낸 편지의 말미에 나오는 바울식 표현으로는, 그런 시스템과 일터에서 그리스도를 증언하는 것은 영적 전쟁을 하는 것이다.

　　우리의 씨름은 혈과 육을 상대하는 것이 아니요 통치자들과 권세들과 이 어둠의 세상 주관자들과 하늘에 있는 악의 영들을 상대함이라(엡 6:12).

　세속문화의 한복판에서 그리스도를 증거할 때 궁극적으로 문제가 되는 것은 근본적인 헌신, 즉 다른 신(神)들에 대한 충성에 관한 것이다.
　그리스도인은 현대문화의 지배적 세계관과는 전혀 다른 세계관, 삶에 대한 다른 비전을 갖고 살아간다. 쉽게 말하면, 현대문화는 역사에 나타난 여느 문화적 실험과 마찬가지로 근원적이며 통합적인 세계관에 뿌리박고 있는 어떤 이야기를 들려주는데 그것은 바로 진보에 대한 신화다. 현대문화, 특별히 서구문화에 내재하는 종교로서의 이 신화는 역사—그 기원이 이집트와 그리스로 거슬러 올라가는—를 진보의 역량과 결과물이 축적되면서 지금의 현대사회를 낳은 이야기로 간주한다.[4] 우리는 지금 이야기의 정점에 서 있는 것이다. 이 이야기는—곧 현대의 문화적 신화—인간의 궁극적 선을 실현하기 위해, 곧 넘쳐나는 소비재와 생산품을 소비할 시간을 확보하기 위해 세계를 지배할 수 있는 기술의 힘을 손에 넣을 수 있도록 인간의 이성이 이 세계를 자유롭게 그리고 과학적으로 탐구하도록 우리가 허락하기만 한다면 진보는 필연적이라고 선언한다.

이 진보라는 신화는 교과서에 은밀히 녹아 있고, 광고 속에 묘사되고 있으며, 도심의 고층 빌딩에 우뚝 솟아 있으며, 대학 강단에서 전파되며, 정당의 공약으로 선전되고 있으며, 드라마와 뉴스에 의해 친절하게 연출되고 있다.[5] 이 진보라는 신화는 노동을, 인간을 효율적으로 행사함으로써 경제적 선을 극대화하기 위한 수단 정도로 축소하느라 정신이 없다. 과학지상주의, 기술지상주의, 경제지상주의라는 세 가지 신을 섬기는 우리의 직장생활은 가능한 한 지고의 경제적 선에 도달하기 위한 가장 좋으면서 가장 빠른 기술들을 활용해 앞에 놓인 과제를 완수할 수 있는 가장 효율적인 방식을 결정하고자 최고의 전문 기술자들과 전문 컨설턴트들의 과학적 분석에 의존하고 있다.

바로 이러한 우상숭배의 정황 속에서 우리는 그리스도가 어떤 분이신지를 증언하라는 부름을 받고 있다. 경제지상주의 세계관이 우리 사회에서 산업, 미디어, 정부만을 이끌고 있는 것은 아니다. 이 세계관은 근본적으로 우리의 상상력을 사로잡고 있다. 우리는 이러한 세계관에 사로잡혀 살고 있다. 이 세계관으로 삶을 바라보는 것은 이제 숨을 쉬는 일 만큼이나 자연스러운 일이 되었다. 이제 이 경제지상주의 세계관은 어딜 가나 만날 수 있지만 교회는 어떤 대안도 제공하고 있지 않다.

이 세계관이 우리 삶을 규정하고 있기 때문에 우리는 과학, 기술, 경제적 진보가 우리의 역사적 운명이라고 생각하고 있다. 우리는 노동을 판매할 수 있는 상품이라고 생각하며 노사 관계는 어쩔 수 없이 적대적인 관계라고 너무 쉽게 간주한다. 우리는 노동의 목표가 생활수준을 높이는 데 있으며, 그 기준은 국민 총생산(GNP)의 증가나 소비재 생산의 증가 그리고 상품을 소비할 시간의 확보 등이라고 생각한다. 이러한 생각은 이제는 합리화할 필요조차 없게 되었다. 이러한 생각들은 하나같이 우리가 살고 있는 세상은 "우리 마음대로 할 수 있는 행성"—착취당하기를 기다리고 있는 자원들처럼—이라는 신념과 우리 존재와 삶의 목표는 호모 에코노미쿠스(*homo economicus*, 경제적 인간)가 되어야 한다는 믿음에 뿌리박고 있다.

이러한 생각들은 우리가 싸워야 할 정사와 권세들과 관계 있다. 사실상 오늘날의 그리스도인들의 이런 체험은 여러 면에서 기원전 6세기 유대인들의 포로생활과 다르지 않다. 우리는 지금 바벨론 시대에 살고 있다. 바벨론의 현실 규정, 바벨론의 삶의 방식, 바벨론의 노동관, 바벨론의 경제구조가 우리의 일상을 지배하고 있다. 그리고 유배생활을 하는 유대인들처럼 우리는 이 모든 것이 정상이라 생각하며 안주하고 있다. 삶은 본래 이런 것이다. 전 세계 인구의 삼분의 이가 가난에 허덕이지만 현대사회가 물질적 풍요를 누리는 것은 정상적인 것이다. 소비재가 넘쳐나는 것도 정상이다. 생태계가 파괴되는 것, 경제성장에 자신의 삶을 바치는 것, 주말을 위해 사는 것, 쓰고 버리는 사회, 탐욕으로 인한 급속한 자원 고갈도 정상적인 것이라고 말이다. 그러나 시인이자 싱어송라이터인 브루스 콕번(Bruce Cockburn)은 "정상이 안고 있는 문제는 그것이 늘 악화된다는 사실"[6]임을 정확히 집어낸다.

우리가 이러한 문화에서 그리스도인으로 살려면 우리는 기독교적인 통찰력을 발휘하여 이 모든 것에 내재되어 있는 심각한 비정상성을 간파해야 한다. 이 말은 우리의 유배체험이 우리의 현실을 규정하도록 허용해서는 안 된다는 뜻이다. 우리는 바벨론의 경제지상주의적 세계관이 우리의 상상력을 사로잡아 바벨론의 방식, 바벨론의 관점, 바벨론의 우선순위가 우리에게 군림하게 해서는 안 된다.

이는 바벨론에서 유배생활을 하던 유대인들이 직면했던 중대한 문제이기도 했다. 유대인들이 이 문제를 적절히 다룬 방식 중 하나는 자신들이 어떤 존재인지를 서로에게 끊임없이 일깨우는 것이었다. 바벨론의 이야기와 신화에 직면했던 유대인들은 전승되었던 자신들의 이야기를 자손들에게 들려주고 또 들려주었다. 바로 이 시기에 자신들의 근간이 되는 이야기 중 하나인 창조 이야기가 처음으로 기록됐을 가능성이 높다고 주장하는 신학자들이 있는 것이 이런 이유 때문이다.[7] 성경 이야기와는 전혀 다른 이야기—호모 에코노미쿠스를 프로메테우스 같은 영웅으로 여기는 진보 이야기—를 들려주는 문화에서 우리가 살고 있기 때문에 그리고 그 이야기에 우리의 상상력이 사로잡혔기 때문에, 우리는 서로에게 성경의 창조 이야기를 되풀이해서 들려주어야 한다. 우리는 참된 인간에 대한 창조 이야기의 비전이 우리의 상상력을 사로잡아 이 세상 문화의 포로된 자리에서 해방되게 하고 우리에게 삶의 방향과 소망을 제시하도록 해야 한다.


하나님의 형상으로 살아가라는 소명


우리는 이미지가 중시되는 사회에 살고 있다. 모든 사람이 자신의 이미지—사람들이 나에 대해 어떻게 생각하는지, 내가 자신에 대해 어떻게 생각하는지—에 관심을 두고 살고 있다. 우리 모두는 어떤 이미지를 자신에게 투사하고 싶어 한다.

정치 분야만큼 이 현상이 두드러진 데가 없다. 정치 캠페인은 후보자들의 견해와 정책과는 상관없는 일종의 쇼에 불과하다. 정치가들이 선거 때, 연출된 '사진 촬영'을 통해 우리에게 전달하고자 하는 것이 바로 이미지다.

기원전 6세기의 바벨론이 그런 이미지에 푹 빠져 있었다.[8] 바벨론의 신화에 따르면, 두 부류의 사람들이 있는데 하나는 신들의 이미지를 투사하는 사람들이고 다른 하나는 그렇지 않은 사람들이다. 신들의 이미지를 갖고 태어나지 못할 사람들은 신들의 노예가 되어야 했다.

이 모든 것은 바벨론의 창조신화인 에뉴마 엘리쉬에 기원을 두고 있다.[9] 이 신화에 따르면 역사가 시작되었을 당시 신들 사이에서 큰 싸움이 일어났다. 그 혈투는 마르둑이라는 신과 바다의 여신인 티아맛 사이에 벌어진 것으로 티아맛은 자신의 연인인 킹구와 손을 잡고 쿠데타를 기도했지만 마르둑은 티아맛을 죽이고 그녀의 사체를 두 토막으로 갈라버렸다. 마르둑은 티아맛의 사체의 상반신으로는 하늘을 만들고 하반신으로는 땅을 만들었다. 하지만 마르둑에게는 땅에 살면서 그 땅을 잘 보존할 누군가가 필요했다. 그래서 자신이 죽인 킹구의 피로 인간을 창조했다.

인간의 창조 과정을 설명하는 이 이야기를 들으면 당시 바벨론에서 인간 생명의 가치가 어떠했을지 충분히 짐작이 간다. 한마디로 인간의 가치는 하찮기 이를 데 없었다! 하지만 인간이 창조된 방식보다 훨씬 더 나쁜 것은 인간이 창조된 이유였다. 리처드 미들턴은 바벨론 신화에 대해 이렇게 논평한다. "티아맛이 살해되고 나서 세상이 창조된 후 싸움에 패하여 지위가 강등된 다른 신들은 뼈가 부서지게 일해야 했는데 그 일의 대부분은 정말 하찮은 것이었다. 그래서 마르둑은 저급한 신들이 했던 하찮은 일들을 대신할 노예로 부려먹기 위해 인간을 만들었다."[10] 그리고 신들이 이 노예들—킹구의 피로 만든—과 관계를 맺어 오염되지 않도록, 마르둑은 특정 사람들, 예컨대 대제사장, 왕과 왕족, 사제, 귀족들에게 땅에 있는 신들의 이미지를 투사하라는 명령을 내렸고, 이러한 사람들—신들의 이미지를 지니고 있는 고귀한 존재들—이 없는 곳에서는 우상들을 세워 신의 이미지를 사람들에게 투사하도록 했다.[11]

따라서 바벨론에는 두 부류의 사람들이 있을 뿐이었다. 바벨론의 엘리트들은 거울 속에서 진짜 신을 볼 수 있었다! 자신들이 신성을 반사하고 있었기 때문이다. 마르둑과 다른 신들은 그 엘리트들을 통해 세상을 통치했다. 그렇다면 비(非)엘리트 사람들은 거울 속에서 무엇을 보았겠는가? 그들의 눈에 비친 것은 하찮은 존재—잠시 쓰고 버릴, 별 볼일 없는 인간—뿐이었다. 그들은 한낱 신들의 노예에 불과했다.

정복당하고, 포로로 끌려가고, 짓밟힌 이스라엘 사람들이 이 중 어느 집단에 속해 있었는지는 말하지 않아도 충분히 짐작할 수 있다. 그들은 사회의 가장 밑바닥에 있었다. 그들은 그저 바벨론의 노예가 아니었다! 그들은 전쟁포로로서 바벨론의 엘리트들—바벨론 신들의 이미지를 투사하는 바벨론의 막강한 권력들—의 발 아래에서 살아가야 할 존재였다. 자신들의 땅에서 추방당한 그들은 인간 이하의 대접을 받았고 모든 문화적 권리를 박탈당했으며 자신들의 정체성을 빼앗겼다. 설상가상으로 포로로 끌려온 이 유대인들은 자신들을 유배생활—하나님에게 버림받은 포로생활—로 내몬 장본인이 바로 자신들이 섬기던 하나님이라는 사실에 절망하고 있었다. 한때는 자부심이 대단했고 승승장구했던 백성—여호와와 돈독하면서도 생기 넘치는 관계를 유지하면서 다른 나라들의 부러움을 샀던 백성—이 이제는 불타고 남은 그루터기, 즉 낯선 나라에서 노예 신세로 전락한 것이다.

일부 신학자들이 주장하는 것처럼, 누군가가 하나님의 영감을 받아 조상 대대로 전해 내려온 이야기, 곧 창세기 1장에 나오는 창조 이야기를 기록하게 된 것은 바로 이러한 상황에서였을 것이다. 창세기 1장은 절망의 한가운데서 포로생활을 하던 백성에게 소망을 주기 위해 기록된 것이다. 창세기 1장은 바벨론에서의 비극적인 체험보다 더 근본적인 그 무엇—창조 그 자체!—을 통해서 지상에서의 유배 체험을 산산이 박살낸다. 창세기 1장의 창조 이야기는 마르둑과 티아맛 그리고 킹구가 등장하는 바벨론의 창조 이야기 전체에 매우 정교하면서도 성례적인(liturgically) 비평을 가함으로써 바벨론이라는 상황 한복판에서 소망을 갖게 한다.

창세기 1장은 세상은 바벨론 신전에서 신들이 벌인 유혈 투쟁의 결과가 아니라고 말한다! 창조는 싸움에서 패배한 바다 괴물 티아맛의 시체로 만들어진 게 아니다! 창조는 사랑의 하나님이 말씀으로 이루신 것이며 분명한 의지를 갖고 만드신 결과물이다. 하나님은 창조 세계를 환기시키고 창조 세계를 부르고 계신다. 창조는 본질적으로 창조주의 부르심에 대한 반응이자 답변인 것이다.

바벨론이라는 정황 속에서 하나님의 창조 이야기를 들려주고 예배 중에 그것을 선포하는 일은 기껏해야 신화를 비교해 보거나 세계가 어떻게 시작되었는지에 대한 또 다른 이해를 제공하려는 것이 아니다. 그와는 정반대로, 하나님의 창조 이야기를 들려주는 일은 세상의 체제를 철저하게 뒤엎는 행위다. 창조 이야기는 무자비한 제국 한복판에서 천지를 지으신 참된 하나님, 참된 주인이자 주권자이시며, 실로 유일한 왕이신 그분은 다름 아닌 여호와, 곧 추방당한 이스라엘 민족의 하나님이심을 담대하고 보란 듯이 선포하는 것이다. 티아맛의 몸이 아닌 하나님 그분이 창조적 삶의 근원이시며 마르둑이나 그의 부하들이 아닌 하나님 그분이 하늘과 땅의 최후의 통치자이자 정사이자 권세이시다는 이 이야기를 들려준다는 것은 거짓 신인 마르둑을 폐위하고, 해체하며 또한 몰락시키기 위한 급진적 시민 불복종에 참여하라는 초청인 것이다. 이 이야기를 들려준다는 것은 그들의 상상력을 자유롭게 함으로써 포로로 잡힌 민족을 해방시키는 일에 참여한다는 뜻이다. 이렇게 성경의 창조 이야기는 그 백성들에게 대안적 세계관(alternative worldview), 곧 대안적 실재(alternative reality)를 제공한다.

따라서 바벨론 창조 신화의 허구성을 폭로한 창세기의 창조 이야기가 이스라엘 백성들의 자아 정체성을 끊임없이 새롭게 하고 포로로 잡혀 있는 그들에게 바벨론의 인간관에 대한 급진적 대안을 제공한 것은 그리 놀랍지 않다.

하나님이 이르시되 "우리의 형상을 따라 우리의 모양대로 우리가 사람을 만들고 그들로 바다의 물고기와 하늘의 새와 가축과 온 땅과 땅에 기는 모든 것을 다스리게 하자" 하시고 하나님이 자기 형상 곧 하나님의 형상대로 사람을 창조하시되 남자와 여자를 창조하시고 하나님이 그들에게 복을 주시며 하나님이 그들에게 이르시되 "생육하고 번성하여 땅에 충만하라 땅을 정복하라 바다의 물고기와 하늘의 새와 땅에 움직이는 모든 생물을 다스리라" 하시니라(창 1:26-28).

이 본문은 세속문화 한가운데서 참된 기독교 공동체가 되고자 할 때 그 기초가 되는 말씀으로 성경에서 가장 급진적인 본문 중 하나다. 바벨론에서의 포로생활이라는 상황에서, 이 본문은 하나님의 참된 형상은 바벨론에서 부와 권력을 자랑하는 엘리트들, 곧 신성한 지식에 이르는 열쇠를 쥐고 있는 자들이나 정치권력을 휘두르는 자들이 아니라, 평범한 인간들, 곧 하나님과 협력하는 하나님의 형상으로서의 남자와 여자들이라고 말한다.

문화를 형성할 힘이나 지배력이나 땅이나 정체성 같은 것이라고 전혀 없던 이스라엘 백성들이, 곧 그들을 억압하고 포로로 삼은 사람들은 신의 형상을 지닌 자들이라는 말에 길들어진 이스라엘 백성들이 이 본문을 통해 받았을 해방감을 상상해보라. 그러한 상황에서 이스라엘 백성들은 자신들이 하나님의 형상으로 창조되었을 뿐 아니라 하나님의 형상을 드러내며 살라는 부르심을 받았다는 이야기를 들었던 것이다.[12] 온갖 역경을 딛고 온갖 실증적 근거에 맞서며 실제로 온갖 정사와 권세들(제국주의적 근거)에 대항해 이 하찮고 망가진 민족이 마침내 정체성을 확보한 것이다. 그들은 더 이상 노예가 아니다. 잠깐 쓰고 버리는 값싼 소모품이나 포로로 잡혀 있는 땅에서 신들이 부리는 비루한 종들이 아니다. 그들은 창조주 하나님의 자녀, 곧 신의 형상을 지닌 자들이다.

오늘날 이와 가장 유사한 예를 든다면 여전히 흑인에 대한 차별이 이루어지는 지역에서 "검은 것이 아름답다"라고 말하는 것과 같을 것이다. 그렇게 말한다고 해서 불공평한 상황이 즉시 교정되거나 정의가 회복되는 것은 아니다. 하지만 그런 식의 선언은 억압당하고 힘없는 사람들에게 사슬을 끊을 새 힘을 준다. 기원전 6세기 바벨론에서 창세기 1장 26-28절이 해냈던 일이 바로 이것이다. 이 본문은 바벨론의 엘리트들로 하여금 그 안에서 진짜 신을 발견하게 함으로써 자신들의 거짓된 거울을 산산이 부셔버리게 했다. 또한 바벨론의 보잘 것 없는 사람, 곧 스스로를 하찮게 여기는 사람들—유대 사람이든 바벨론 사람이든—로 하여금 그 안에서 진짜 신의 형상을 발견하게 함으로써 그들의 거짓 거울을 박살내게 만들었다.

하나님의 형상으로 창조되었다는 것은 축복—"하나님이 그들을 복 주시고 가라사대"—이다. 그리고 이 축복은 피조 세계의 축복받은 현실, 곧 "좋았더라, 좋았더라, 좋았더라"는 말씀에서 알 수 있듯이 본질적으로 긍정적인 현실로 나타난다. 인간이 피조 세계에 살아가며 피조물에게 주어진 과제—노동—를 수행하는 것은 선한 일이다. 그것은 축복이다. 그것은 저주도, 필요악도, 신들—그것이 마르둑이든 기술의 힘이든 경제 성장이든—에게 굴종하는 것도 아니다.

이 본문은 인간의 노동을 전폭적으로 긍정한다. 우리의 일은 무가치하거나 무의미하지 않다. 거짓 신들에게 봉사하는 것에서는 일의 가치나 의미를 발견할 수 없다. 오직 창조주를 위한 청지기의 직분을 수행할 때 우리의 일은 가치 있고 의미 있게 된다.

그러므로 이 축복과 긍정에는 근본적인 요청(fundamental imperative), 토대가 되는 지시(foundational command), 문화 명령(cultural mandate)이 포함되어 있다. 하지만 이 요청, 지시, 명령은 언제나 축복과 긍정의 정황에서 경청해야 한다. 피조 세계는 은사를 부여받은 삶을 살아낸다.[13] 피조 세계는 창조주의 선물이다. 신적 형상의 담지자인 인간들 역시 은사를 부여받았다. 은사를 부여받을 때마다 그에 따른 과제, 적절한 응답, 책임감이 수반된다. 창세기 1장 26-28절에 따르면, 하나님 형상들에게는 피조 세계를 다스려야 할 과제가 주어진다. 피조 세계는 창조주-왕의 이름으로 다스려져야 한다. 통치자의 직무인 통치와 권력 행사는 창조주-왕이 통치하고 권력을 행사하는 방식으로 이루어져야 한다. 그러한 권력 행사는 피조 세계를 일깨우고, 생성되게 하며, 축복하기 위해서임이 창세기 1장의 맥락에서 분명히 드러난다. 이러한 통치는 파괴하고 착취하기 위해 권력을 사용하는 것과는 정반대다. 우리는 함께 수고하는 동등한 파트너인 남자와 여자로서 피조 세계를 다스리는 청지기가 되라는 부름을 받았다. 문화 형성 능력을 사용하여 피조 세계를 착취하는 것이 아니라 자유롭게 하며, 창의성, 정의, 돌봄, 완성이라는 새로운 가능성들을 일깨우라는 부름을 받았다.[14] 하나님과 그분의 종들에 대해 성경이 자주 부여하는 이미지들 중 하나가 목자-왕, 곧 돌보고 보호하는 방식으로 다스리는 왕이라는 이미지인 까닭이 여기에 있다.

우리는 청지기들로서 이 세계가 하나님의 소유이며, 종국에 가서는 우리가 어떻게 피조 세계를 관리했는지 창조주로부터 심판을 받게 된다는 사실을 알아야 한다. 그러므로 우리는 피조 세계—그것이 땅, 식물, 물, 공기, 원자처럼 피조물에게 주신 좋은 선물이든 심미적 삶, 가정, 학문 활동이든—를 제멋대로 쓰거나 파괴하는 것은 우리의 청지기 직분을 오용하고 우리가 물려받은 피조 세계를 낭비하는 것이며, 따라서 이는 피조 세계에게, 미래 세대에게, 그리고 궁극적으로는 창조주에게 죄를 짓는 일임을 고백해야 한다.

하나님의 형상으로 창조된 우리는 피조 세계라는 정원을 관리하는 고귀한 사명을 받았다. 우리는 땅을 경작하고 피조 세계라는 가정을 지키라는, 즉 피조 세계를 번성케 하며, 보호하고 사랑하라는 부름을 받았다.

그리스도인에게 창세기 1장 26-28절이 뜻하는 바에 대한 최고의 모델은 예수 그리스도—하나님의 완벽한 형상이며 새 아담이신—안에서 발견된다. 우리의 다스림, 곧 우리의 통치는 권력을 쟁취하거나, 현실을 통제하고 그것을 이용해 우리의 주체할 수 없는 소비욕구를 충족시키기 위한 것이 아니다. 예수는 하나님의 형상 그 자체였으나, "하나님과 동등 됨을 취할 것으로 여기지 아니하시고, 오히려 자기를 비워 종의 형체를 가지사 사람들과 같이 되셨고 사람의 모양으로 나타나사 자기를 낮추시고 죽기까지 복종하셨으니 곧 십자가에 죽으"셨다.(빌 2:6-9)[15]

　놀랍지 않은가? 우리는 한 바퀴를 돌아 제자리로 돌아온 것이다. 바벨론 사람들은 우리가 신들의 노예에 불과하다고 말한다. 하지만 창세기는 우리가 하나님의 형상이라고 저항한다. 그리고 예수는 종/노예가 됨으로써 하나님의 형상이 된다는 것이 무엇을 뜻하는지 보여준다. 물론 신들의 형상을 보유하고 있는 사악한 자들의 노예라는 말을 듣는 것과, 인간이 된 하나님의 아들로부터 참된 형상을 간직하는 것은 바로 종이 되는 것이라는 말을 직접 듣는 (한 걸음 더 나아가, 보는) 것은 전혀 다르다. 참된 형상을 간직하는 것은 구속을 위한 낮아짐인 것이다.

　우리는 예수의 생애, 특히 십자가에서, 신약성경이 창세기 1장 26-28절을 어떻게 해석하는지 보게 된다. 피조 세계를 다스린다는 것은 무엇을 뜻하는가? 그것은 우리가 도미네(*Domine*), 곧 주님이라고 부르는 분의 모범을 따른다는 뜻이다. 그 주님은 우리에게 무엇을 요구하시는가? 그분은 십자가를 짊어지고 자신을 따르라고 우리를 부르신다. 문화 명령은 한마디로 섬김이다. 다스리라는 부름은 통치의 대상을 위해 자신의 생명을 내려놓으라는 요청이다. 통치하라는 부름은 타인을 위해 자기 자신의 권력과 자기 자신의 소유를 희생하라는 부름이다. 이런 관점에서 문화 명령을 읽어내고 또 예수의 통치 방식—가시관을 쓰고 십자가에 달리신—의 관점에서 하나님의 형상을 간직한다는 것이 어떤 의미인지를 우리가 이해한다면, 그것이 현대문화에서 예수를 따르고 하나님의 형상을 간직하는 공동체로 거듭나기를 추구하는 교회에 주는 의미는 실로 엄청날 것이다!

이 장을 시작하면서 나는 기독교 공동체가 현대문화 한복판에서 세상을 전복시키는 운동이 되라는 부름을 받았다고 말했다. 내가 이 책을 쓴 것은 이 점에 주목하라고 당신에게 당부하기 위해서다. 왜냐하면 현대문화 한복판에서 세상을 전복시키는 세력으로 살지 못한다면, 우리는 포로생활에 안주하게 되고 바벨론의 현실 규정과 바벨론의 신들에 대해 영적으로 무감각해지게 될 것이기 때문이다. 실제로 나는 현재의 기독교 공동체가 안락한 포로생활의 유혹에 이미 굴복했다고 믿는다. 다음 장에서 우리는 이 문제를 좀 더 깊이 살펴볼 것이다.

세계관을 넘어
삶으로

**2**

## 세계관과 삶의 간극

앞에서 우리는 창세기 1장 26-28절의 맥락에서 세속문화에 대한 기독교적 비전을 간략히 살펴보았다. 그리고 하나님의 형상을 담지하고 있는 청지기로서의 인간에 대한 성경적 관점은 바벨론 포로생활과 바벨론 신화의 정황에서 읽을 때 제대로 이해할 수 있다고 주장하였다. 한편 우리의 문화적 정황에서 하나님의 형상으로 살아가려면 우리 문화에 대한 통찰력 있고 섬세한 독해와 진단이 필요하다. 이것이 이번 장의 목적 중 하나다. 하지만 우리 문화의 정신을 분별하기에 앞서 먼저 우리 자신을 성찰하고 살펴보는 작업이 필요하다. 바벨론에 대한 우리의 분석은 기독교 공동체로서 바벨론에서 포로생활을 어떻게 하는 것과 밀접한 관계가 있기 때문이다.

우리는 자신의 삶에서 어떤 간극, 즉 우리의 세계관과 우리가 살아가는 방식 사이에 큰 간극이 존재하고 있음을 알고 있다. 즉 예수 그리스도에 대한 우리의 고백과 실제로 우리가 삶을 살아가는 방식 사이에 간극이 존재한다는 점을 말이다.

이러한 간극으로 인해, 예수를 따르면 우리 삶에 어떤 변화가 생기느냐고 하는 불신자들의 질문은 그리스도인들의 진실성을 시험대에 서게 만든다. 불신자들이 보기에는 믿는다고 하는 이들의 삶에 전혀 변화가 보이지 않기 때문이다. 실제로 믿음과 삶의 이러한 간극은 많은 그리스도인들로 하여금 (소극적으로는) 교회를 포기하거나 (적극적으로는) 기독교 신앙 자체를 송두리째 버리게 만드는 영적 위기를 초래했다.

캐나다의 사회학자 레지널드 비비(Reginald Bibby)는 자신의 책 『산산조각난 신들』(Fragmented Gods)에서 캐나다 교회에서 볼 수 있는 이러한 간극을 구체적으로 지적한다.

신앙심이 돈독한 캐나다인들은 실재를 구성하는 삶의 방식에서 비그리스도인들과 어떤 차이도 나지 않는다. 그들이 타인과 관계를 맺을 때 보이는 관심은 일반 사람들에 비해 많지도 적지도 않다. 그들이 맛보는 행복의 수준 또한 여느 사람들보다 높지도 낮지도 않다.[1]

캐나다에 대한 비비의 지적은 미국과 영국은 물론이거니와 기독교 국가라고 불렸던 나라들에도 동일하게 적용된다. 비비의 분석이 옳다면, 즉 그리스도인들이 실재를 구성하는 방식이 불신자들과 조금도 다르지 않다면, 그리스도인들이 이주 노동자, 고아, 가난한 자, 장애인, 그리고 자신들과 '다른' 그 밖의 사람들과 관계를 맺을 때 갖게 되는 관심이 비그리스도인들보다 많지도 적지도 않다면, 그리고 그리스도인들이 우리 문화의 여느 사람들과 동일한 수준에서 사회적·정서적·경제적 행복을 맛본다면 우리는 교회로서 그리고 그리스도인으로서 이루 말할 수 없는 영적 위기에 처해 있는 것이다.

이 모든 게 사실이라면 우리는 그리스도에 대한 우리의 믿음, 예수에 대한 우리의 충성이 제대로 된 것인지 자문해 보아야 한다. 그렇지 않다면 우리가 거창하게 쏟아내는 경건한 말과 우리가 하는 경건한 행동은 한갓 공허한 믿음을 드러내는 것에 불과할 것이다! 우리는 우리 자신에게 다음과 같이 물어야 한다. 우리의 세계관—통합적이고 포괄적이며 변혁적이기도 한—은 회복하고, 치유하며, 구속하는, 그리하여 문화적인 전복을 야기시키는 삶의 방식을 만들어내는가? 만일 우리가 이러한 질문을 숙고할 준비가 되어 있지 않다면 본서를 읽느라 시간을 낭비하기보다는 세상에서 우리의 세속적 영향력을 극대화하는 편이 더 나을 것이다.

이 질문을 숙고하는 또다른 방식은 테어도어 로작(Theodore Roszak)이 지적한 대로 그리스도인들의 경건이 "사적으로는 매력적일지 모르지만 사회 같은 공적인 것과는 무관하다는"[2] 말이 정당한지를 살피는 것이다. "그리스도인들은 사회의 온도를 바꾸고 조절하는 온도 조절 장치가 아니라 여론의 온도를 측정하는 온도계 역할을 하고 있다"라는 마틴 루터 킹 2세의 말은 정당한가? 그리스도인은 문화 형성자(former)가 아닌 문화 추종자(follower)가 되었다는 말은 사실인가?

　슬프지만 이 모든 것이 사실이다. 이 지경이 된 것은, 즉 현대 교회가 영적 파국에 처하게 된 것은 교회가 문화에 길들여진 탓이다. 지금 우리는 신자들의 공동체이자 개인들로서 우리의 선한 뜻과는 정반대로 세속문화에 깊이 물들어 있다. '문화에 길들여진'이라는 표현은 이런 뜻이다. 우리의 의식, 우리의 상상력, 우리의 비전이 삶에 대한 우상숭배적인 이 세상의 인식과 방식에 휘둘려 왔다는 것. 지배적 세계관, 즉 속속들이 배어든 세속적 생각들이 우리의 삶을 사로잡아 왔다는 뜻이다. 주목해야 할 것은 우리가 치열한 싸움 끝에 포로로 잡힌 게 아니라는 사실이다. 그렇다. 우리는 전투에서 패배해 포로로 잡힌 것이 아니라 깊이 잠들어 있다가 지배적 세계관에 포로로 잡힌 것이다. 우리가 진화론, 성경 영감론, 영적 은사나 그 밖의 논쟁적인 이슈들을 놓고 왈가왈부하는 동안 우리는 점점 더 깊은 잠에 빠져들면서 우리의 의식은 이 세상 문화의 포로가 되었다. 우리의 삶과 우리의 근간을 이루는 가치들이 세속화되는 것을 우리는 감지하지 못했다. 그런 일이 진행되고 있으리라고는 전혀 눈치 채지 못한 채 우리 시대의 물질주의적이고 출세 지향적이며 세속적인 가치관에 쉽게 사로잡히고 말았다. 이것이 바로 오스 기니스(Os Guinness)가 그의 창의적이며 도발적인 책 『무덤파기 작전』(*The Gravedigger*

*File*)에서 "모래 귀신 효과"라고 부른 것이다. 그는 이렇게 지적한다. "문화적 위기가 다가오는데 교회는 경계를 강화하기보다는 점점 더 깊은 잠에 빠져들고 있다."[3] 교회는 지금 사실상 혼수상태에 빠져 있고 문화의 덫에 걸려 있다는 사실조차 모르고 있다.

자본주의의 풍요를 복음과 동일시하는 일부 기독교 진영에서 이러한 현상이 어떻게 명명백백한 사실이 되는지를 간파하는 데는 특별한 통찰이 필요하지 않다. 복음이 중산층의 안락함과 혼합되는 것을 거부하는 우리 같은 사람들에게도 그것은 사실인가? 우리는 변혁적 비전을 지지하고 있다.[4] 우리의 세계관은 그리스도가 만물의 주가 되심을 인정하고, 하나님 나라와 어둠의 나라 사이의 전선(戰線)이 도처에 형성되어 있음을 알고 있다. 그렇다. 이것이 우리의 세계관이며, 우리의 세계관은 원칙적으로 그처럼 문화에 길들여지는 것을 경계하도록 한다. 그러나 이 세계관은 세상에 포로된 교회에서 우리를 지켜주는 면역 주사는 아니다. 우리 역시 포로로 잡혀 있다. 우리 역시 세계관과 삶의 방식 사이의 커다란 간극을 뼈저리게 알고 있다. 왜 그런가?

이 질문에 대해 제시되는 몇 가지 답변들 중 첫 번째는 바로 이원론─삶을 종교적인 영역과 세속적인 영역으로 양분하는─이다. 이로 인해 복음의 능력은 매우 협소한 삶의 영역으로 제한되고 나머지 삶의 영역은 시대의 정신에 휘둘리도록 방치된다.[5] 그러나 이원론자라는 딱지가 붙는 것을 달가워할 현대인은 아무도 없다. 누구나 다 믿음과 삶, 믿음과 학문, 믿음과 정치, 믿음과 직업이 통합되어야 한다고 말한다. 하지만 교회는 문화에 계속 길들여지고 그로 인해 우리의 삶에는 어떤 변화도 일어나지 않고 있다. 그러면 왜 이원론적 사고에 반대하고 있음에도 우리의 삶은 여전히 분열되어 있는가? 두 가지 원인이 있다. 첫 번째 원인은 모든 그리스도인과, 두 번째 원인은 개혁주의라는 특정 관점을 지니고 있는 그리스도인들과 깊이 관련되어 있다.

현실과 이상 사이의 간극에 대한 이러한 인식은 보편적이지만, 그리스도인들에게 그러한 인식은 특정한 이유로 인해 이원론적 형태로 드러난다. 이러한 이유는 교회사에 있어 그리스 사상이 역사적으로 영향을 끼쳤다는 일반적인 이해보다 훨씬 더 근본적인 것에 있다.[6] 주권자 되시는 우리 주님의 주장이 너무 급진적이고, 모든 것을 망라하며, 절대적이기 때문에 그리스도인들이 이원론으로 기우는 경향을 보이곤 한다. 모든 영역에서 주되심을 주장하시는 하나님 앞에서 이원론은 안전지대처럼 보인다. 하나님은 우리에게 너무 많은 것을 요구하신다. 따라서 우리 삶에 대한 하나님의 요구를 조금만 제한할 수 있다면, 하나님을 조금만 길들일 수 있다면 우리는 우리를 그처럼 난처하게 만드는 주장에서 벗어날 수 있게 된다. 이처럼 하나님을 제한하고 길들이는 것이 바로 이원론을 구성하는 요소다. 이원론적인 삶은 온전하지 않지만 그래도 십자가를 져야 할 철저한 순종보다는 안락하고, 예수를 위해 위험을 감수하라고 촉구하는 제자도보다 훨씬 안전하다. 우리는 정신분열증에 대해서는 안전함을 느끼면서 그것이 치료되는 것은 두려워하는 정신분열증 환자 같은 처지가 된 것이다.

'변혁적 비전'을 지지하고 개혁주의의 영향을 받아 온 사람들 사이에서 이원론이 좀처럼 없어지지 않는 또 다른 이유가 있다.[7] 우리의 이원론적인 모습, 즉 이원론이라는 기독교의 보편적 문제는 우리의 세계관을 지적인 범주로 인식하려는 개혁신앙의 특성 때문이다. 즉 지성주의가 이원론이라는 고질적인 문제의 또 다른 원인이다. 이성주의에 대한 예리한 비판에도 불구하고 개혁주의 전통은 기독교 신앙을 지나치게 지적으로 다루었다는 비판을 받아 왔다.[8]

　내가 가르치는 일을 직업으로 삼고 있는 교수임을 기억하기 바란다. 지적 고찰은 내 직업의 핵심이다. 따라서 내 말을 반지성주의라고 오해하지 말라. 내 비판의 대상은 지적 활동 그 자체가 아니라 지성주의다. 즉 그리스도에 대한 고백이, 열정적인 결혼 관계 속으로 들어가고 싶어 하는 신랑되신 예수에 대해 '네, 그러겠습니다'(I do)라고 말하기보다 신학의 교리체계에 대해 '나는 믿습니다'(I do)라고 할 정도로 기독교 신앙을 지식적으로 다루는 행태에 대해 나는 비판하고 있는 것이다.

　올바른 행동은 올바른 사고에서 나온다는, 이 검증되지 않은 가정을 고찰하고자 할 때 이 문제와 관련해 지성주의는 시험대에 오른다. 우리의 개념적 범주를 바로잡는다고 해서 생활방식이 온전해지고 회복되지는 않는다.

　우리의 세계관을 지나치게 지적으로 다루었기 때문에 우리의 삶이 이처럼 세계관과 삶의 방식 사이의 간극을 드러낸다고 말하는 것은 정당한 지적이다. 스스로 그리스도인이라 생각하고 자신의 생각을 기독교적인 용어로 표현하지만 삶의 방식은 여전히 이 세상 문화에 길들여 있다고 말하는 것, 지적으로는 깨어 있는데 문화적으로는 잠들어 있다고 말하는 것, 우리가 세계관을 지나치게 지적으로 다루었기 때문에 우리의 상상력이 문화의 포로가 되었다고 말하는 것, 우리의 믿음이 지적으로는 매력적이지만 문화와는 여전히 거리가 있다고 말하는 것은 아프지만 정당한 지적이다.

정부의 주된 역할은 경제를 성장시키는 일이고, 세상은 언제나 가진 자와 못 가진 자로 나뉠 것이며, 교육은 훈련, 기술, 정보 수집과 관련이 있으며, 낙태 논란의 궁극적 이슈는 산모의 권리와 태아의 권리 사이의 충돌이며, 텔레비전이 제공하는 것은 언제나 올바른 정보이며, 훌륭한 기업은 이윤의 극대화를 위해 올바른 관계를 맺는 일에 관여하는 것이라고 순순히 가정한다면, 즉 우리의 일상적인 삶에 있는 가정들이 옳은 것이 아닐지도 모른다고 생각할 수 있는 능력이 결여되어 있다면 그것은 우리의 상상력이 지배 의식의 포로가 되었다는 정확한 진단이다. 우리는 다른 어떤 방식의 삶을 생각해 낼 능력을 상실하고 만 것이다. 삶의 방식과 관련하여 개인의 세계관은 우선은 자신의 사회문화적이며 역사적인 상상력과, 그 다음으로는 자신의 지적 범주들과 근본적으로 관련되어 있기 때문에 우리는 사실상 비기독교적 세계관을 받아들이게 되었다. 바로 이것이 개혁주의의 영향을 받은 공동체가 처한 최대의 위험—자신의 세계관을 지적으로 다루었기 때문에 공동체의 상상력이 문화에 길들여질 가능성이 높다는 것—이다.

우리의 상상력이 문화에 길들여지는 그러한 유혹에 넘어가는 것에는 두 가지 원인이 있다. 그것은 매우 중요하기 때문에 나는 이를 조금 더 설명하자고 한다.

첫째로 지성주의 세계관은 정적이며, 범주 안에 갇히기 쉽다. 이 말은, 세계관과 그 세계관이 초래할 삶의 방식 사이에는 역동적인 상호작용이 제대로 일어나지 않을 수도 있다는 뜻이다.[9] 우리의 문화적 일상에서 일어나는 갈등과 긴장이 언제나 우리의 세계관에 영향을 미치는 것은 아니다. 우리는 우리의 삶의 실재가 우리의 세계관을 형성하거나 수정하도록 내버려두지 않는다.

두 번째 원인을 제대로 논의하자면 그 분량이 책 한 권은 족히 될 만큼 복잡하다. 지성주의 세계관이 동적이 아니라 정적이듯 그 세계관의 중심에 계시는 하나님 역시 동적이 아니라 정적인 분이 되신다. 하나님이 무엇이든 하실 수 있다고 상상할 수 없기 때문에 우리의 문화적 실재가 완전히 달라질 것이라고 상상할 수 없다는 것이다. 즉 역사에 능동적으로 참여하시는 하나님이 무시간적 교리에 수동적으로 갇혀 계시는 분으로 전락했기 때문에 더 이상 역사에서 활동하시지 못하게 되었다. 하나님이 우리 역사에서 활동하시는 것을 기대할 수 없게 된 것이다.[10]

이 장에서 제시하려는 바가 우리의 현 상황에 대한 진단임을 기억하라. 나는 이 장을 시작하면서 우리의 삶에서 드러나는 세계관과 삶의 방식 사이에 존재하는 간극, 지성주의와 문화에 길들여지는 문제를 제기하고, 우리의 상상력이 문화의 포로가 되었다고 지적하였다. 이제 우리의 문화적 정황에 대한 진단을 계속하기에 앞서 우리가 지금 여기서 다루고 있는 진단의 성격을 잠시 고찰하는 것이 중요할 것 같다.


## 진단의 성격

우리가 확인한 교회의 위기는 현대문명이 직면한 보다 광범위한 위기라는 맥락에서 일어난 것이다. 무언가 잘못돼도 단단히 잘못된 것은 우리 문화의 기초 자체에 그리고 우리 문화의 기본 방향에 문제가 있기 때문이다. 우리가 직면한 문제들이 서로 관계가 있다는 사실이 이 문제들의 근원이 동일하다는 것을 말해 준다.[11] 환경파괴와 자원고갈, 재정적자, 인종차별, 독재정치, 낙태, 무기경쟁, 자살, 불황, 성폭력, 성 차별, 농업의 위기, 경제제도의 취약성은 복지국가의 실패와 서로 연관되어 있다. 이 상호연관성을 이해하지 못한다면 산적해 있는 문제 중 어느 것도 해결할 수 없다. 이 모든 것은 질병의 증세이기에 질병의 원인을 파헤치지 않고 증세만 다루는 것은 그 질병을 더욱 악화시키는 결과를 낳게 된다.

문제는 이것이다. 우리에게는 어떤 종류의 진단(그리고 치료법)이 필요한가? 이 질문에 대한 답의 실마리는 증세가 심각해질 때 사용하는 언어의 종류에서 얻을 수 있다. 한 가지 예를 들어보자. 세계 주식시장이 무너져 내린 1987년 10월 19일 월요일은 "블랙 먼데이"라는 이름이 붙여졌다. "몰락 이후"라는 제목의 「타임」기사는 1980년대가 1987년 10월 19일 월요일에 종말을 고했다고 전했다.[12] 파산한 것은 비단 주식시장만이 아니었다. 재정적 안전이라는 환상도, 레이거노믹스(Reaganomics · 미국의 전 대통령이었던 레이건의 경제정책-옮긴이)와 그 자매라고 할 수 있는 대처노믹스(Thatchernomics · 영국의 전 수상이었던 대처의 경제정책-옮긴이)도 실패로 끝났다. 「타임」에 따르면, "지금은 과거의 잘못을 철저하게 뉘우쳐야 할 때다. 고통 없는 성장에 대한 꿈은 이제 산산조각 났다."[13]

파산은 거짓된 꿈들이 산산조각 났다는 징후였다. 그러면 거짓된 꿈들의 본질은 무엇이었는가? 1987년 10월 19일자 신문의 1면 기사 제목에 그 실마리가 있다. 캐나다 최대 일간지인 그 신문은 이를 '아마겟돈!'이라는 표제로 실었다. 전 세계 주식거래소에서 일어난 이 전대미문의 사건에 함축된 의미를 전달하기 위해 언론이 선택한 단어는 바로 종말론적 언어였던 것이다. 아마겟돈! 역사의 종말에 대한 성경적 상징인 바로 그 아마겟돈! 주식시장의 붕괴가 아마겟돈과 같은 종말론적 사건이었다면 그것이 우리에게 말해 주는 것은 무엇이었는가?

첫째, 주식시장의 붕괴는 경제가 우리 문화에서 종교적 의미를 지닌다는 것을 보여준다. 문화적 존재인 우리를 뿌리 채 흔들었던 것은 바로 종교적 위기였던 것이다. 둘째, 그 사건은 우리 문화의 종교적 뿌리가 어디에 있는지를 보여준다. 주식시장의 붕괴와 함께 역사가 끝난다면 경제 성장이 역사의 원동력이라는 종교적 가정이 성립된다. 경제가 성장하면 역사는 진보하고 경제 위기가 일어나면 역사는 위기에 처한다.

이것이 사실이라면 우리는 지금의 문화적 위기를 진단하고 이 위기에 대해 기독교적인 응답을 할 수 있는 단서를 포착하게 된다. 우리의 진단은 종교적 특징을 지닌다. 즉 세계관에 대한 진단인 것이다. 또한 우리의 진단은 우리 문화적 상상력이 처해 있는 상태에 대한 진단이기도 하며 우리 문화의 자기 이해와 미래의 비전에 대한 진단이기도 하다. 그것은 문화가 삶에서 가장 중요하다고 여기는 것들에 주목하는 진단이다.

나아가, 우리의 분석이 진단적 성격을 띠기에 삶에 대한 이 문화적 비전의 건강 상태는 우리의 관심사가 된다. 그러한 진단은 역사적 성격을 띠는 영적 분별을 요한다. 우리는 시대를 분별해야 한다. 지금의 문화의 역사적 위치는 어디에 있는가?

이러한 종류의 진단이 온갖 지적 도구들과 학문 분야들을 자율적으로 사용할 것을 요구함에 따라 학제 간 고찰이 필요하지만 그렇다고 이 진단이 본질적으로 학문과 관련되어 있는 것은 아니다. 학문적 고찰은 진단을 내리는 데 중요하지만 실제로 이 분석은 학문적 고찰로 환원할 수 없는 영적 분별을 필요로 한다. 대신 이 분별은 그러한 학문적 고찰의 토대 자체가 된다.

영들을 분별하고자 한다면 하나님의 영에 의해 새롭게 되고, 변화되고, 깨달음을 얻게 되고, 인도를 받아야 한다. 그러한 충만, 갱신, 변화, 각성, 인도는 성경적 세계관을 깊이 이해하고 그 세계관에 사로잡히지 않고서는 불가능하다. 이것이 이른바 영적으로 새로워진 상상력—하나님의 말씀에 의해 조명된—이다. 하나님 말씀의 빛은 세상의 빛이다. 그 빛이 우리의 문화적 행로를 비추지 못한다면 그 빛을 참 빛이라 할 수 없다.[14]

영들을 분별한다는 것은 하나님의 형상으로 창조된 인간이 그분에게 등을 돌리면 필연적으로 자신이 만든 형상들을 섬기게 된다는 것을 안다는 뜻이다. 그러므로 그리스도인의 문화적 분별은 다양한 형태로 나타나는 우상숭배에 초점을 맞춰야 한다. 그러한 분별은 우상들을 찾아내어 그들이 인간 생명을 사악하게 왜곡하는 것을 폭로한다.[15]

나아가, 영적, 문화적 진단에 관여하려면 영적, 문화적 건강함 혹은 온전함이 어떤 모습인지를 파악해야 한다. 여기에는 지혜가 필요하다. 다시 말해 피조 세계 안에 계신 주님의 지혜로운 방식들을 파악하고 그것에 사로잡혀야 한다.[16] 우리는 하나님의 지혜—우리의 문화적 삶을 위한 하나님의 사랑의 통치, 치유의 규범과 방향—를 속속들이 그리고 깊이 알도록 노력해야 한다. 우리가 현재 앓고 있는 질병을 진단하고 치유 방식을 제대로 처방하고자 한다면 말이다. 우리의 진단은 규범적 비전에 뿌리박고 있어야 한다.

우리가 여기서 다루고 있는 진단의 성격을 묘사하는 또 다른 방식은 우리가 예언에 관여하고 있다고 말하는 것이다. 문화가 우상을 따르고 언약 공동체가 문화에 길들여져 그 실상을 깨닫지 못하고 있을 때 꼭 필요한 것이 바로 예언자적 비전이다. 월터 브루그만은 "예언자적 목회의 과제는 우리를 둘러싸고 있는 지배 문화의 의식과 인식에 맞설 수 있는 대안적 의식과 인식을 끌어내고, 키우고, 발전시키는 것이다"[17]라고 말한 바 있다. 예언자는 먼저 지배적 세계관을 비판하고 해체하며, 그 다음에 대안적 세계관, 곧 대안적 상상력(alternative imagination)으로 언약 공동체에 생명을 불어넣어야 한다는 뜻이다.

예언자적 비전은 인기가 없고 쓸 데 없는 논쟁만을 초래하는 것처럼 보이는 비판에서 시작해야 한다. 하나님이 "건설하고 심기" 전에 먼저 "뽑고 파괴하며 파멸하고 넘어뜨려야"(렘 1:10) 한다고 예레미야에게 말씀하신 까닭이 여기에 있다. 예언자적 비전을 장려하려면 예언자는 열정을 갖고 비판해야 한다. 열정만이 교회(와 문화)를 그 세속적 침체상태에서 벗어나게 할 수 있다.

첫 번째 사례에서 예언자가 된다는 것은 성경적이며 구속적인 비판을 교회에 가한다는 뜻이다. 그것은 자아 비판으로서 그 결과 예언자는 우리-그들이라는 잘못된 편 가르기 사고방식을 용납하지 않는다. 그것은 단순히 우리 문화가 병들어 죽게 되는 문제가 아니다. 우리가 문화에 길들여지는 한 우리가 처하는 상황은 결코 변화되지 않으며 그 상황은 더 악화될 따름이다.

공동체가 깊이 잠들어 있기 때문에 예언자는 열정을 갖고 소리쳐야 한다. 우리는 지금 영적 불감증에 걸려 있다.[18] 영적 불감증에 걸려 있다는 것은 열정이 없다는 뜻이다. 그것은 긍휼의 부재이고 무감각한 상태다. 우리는 위험할 정도로 무감각해져서 우리에게 무슨 일이 일어났는지조차 모르고 있다. 감각이 둔해진 나머지 우리의 상상력은 영적으로 새로워질 수도 없게 되었다. 우리는 영적 불감증에 걸려 있다. 그래서 풍요로 인해 가려져 있는 비정상적인 것을 눈치 채지 못하고 있다. 우리는 우리 시대의 불확실성에 무감각하고, 세계적인 위험에 둔감하고, 가난한 자들의 고통을 모르고 있으며, 현재 누리는 풍요로운 삶이 언젠가는 깨어질 수 있음을 깨닫지 못하고 있다. 우리는 우리 자신의 고통에 둔감하고, 우리의 공동체에 속한 동성애자들의 고통과 압제당하고 있는 자들에 대해 계속 무감각한 상태로 있고 싶어 한다. 현재의 문화적 질병들에 교회가 무관심하기 때문에 우리는 불감증에 걸려 있는 것이다.

무감각하다는 것은 평강이 없을 때 "평강하다, 평강하다"(렘 6:14; 8:11)라고 말한다는 뜻이다. 무감각하다는 것은 만사가 순조롭지 않을 것임을 알면서도 괜찮은 척한다는 뜻이다. 무감각하다는 것은 "여호와의 성전이라, 여호와의 성전이라"(렘 7:4)라고 말하며 "우리 교회는 규모가 커지고 예산도 늘어나고 있으며, 영적인 은사들을 받았고, 많은 사역들을 하고 있다"라고 말한다는 뜻이다. 마치 이것들이 문화의 포로 된 우리를 해방시켜주기라도 하듯 말이다.

우리가 처한 현실을 부정할 때 우리는 무감각해진다. 예언자의 사명은 열정을 갖고 그러한 영적 불감증을 일깨우고 우리의 자기기만을 간파하는 일이다. 예언은 "평강하다, 평강하다"라고 말하는 자들이나 "교회는 별 문제 없으니 들쑤셔놓지 말라"라고 말하는 자들이 만사가 순조롭고 그 어떤 변화도 일어나지 않는

꿈같은 세상이 제공하는 영원한 무감각 속에 우리를 계속 가두어 놓지 못하게 하는 것이다. 예언자가 이 꿈같은 세상을 깨부수는 방식은 분노하면서 저주를 퍼붓는—이것은 또 다른 우리 대 그들이라는 편 가르기 사고방식일 뿐이다—것이 아니라 고뇌하고, 눈물을 흘리며 더불어 애통하는 일이다.

예언자는 영적 불감증으로 가려져 있는 공동체의 고통을 공개적으로 드러낸다. 예언자는 유다 때문에 눈물을 흘리고, 예루살렘 때문에 흐느끼며, 현대문화 때문에 애통하며, 교회 때문에 통곡한다. 지금이 어떤 때인지를 알고 있기 때문이다. 예언자는 지금이 종말의 때임을, 지금이 장례를 치를 때임을 알고 있다. 예언자는 예레미야처럼 평강을 찾았으나 좋은 것을 하나도 얻지 못하였고, 치유를 구하였으나 오히려 무서운 일만 당한다(렘 8:15). 예언자의 슬픔은 치유될 길이 없고, 가슴은 피멍이 든다(렘 8:18). 예언자는 "추수할 때가 지나고 여름이 다하였으나 우리는 구원을 얻지 못한다"는 것을 안다(렘 8:20). 예언자는 회복의 때가 지났음을 안다. 예언자는 묻는다. "길르앗에 유향이 있는가? 그곳에 의사가 있는가?"(렘 8:22). "집에 의사가 있는가?" 21세기의 초반에 서 있는 우리가 던지는 질문은 이것이다. "지금 우리는 어떤가?"

문화에 길들여진 우리, 포로로 잡힌 우리의 상상력, 우리의 건조한 지성주의, 그리고 우리의 세계관과 삶의 방식 사이의 간극은 어떤 식으로든 영적으로 변호될 수 없다. 그러나 이는 반쪽짜리 진단에 불과하다. 이제 우리는 우리를 포로로 잡은 문화—

오염되어 있지만 우리가 호흡하고 있는 바로 그 공기를 제공해 주는 문화―에 대해 진단해 보아야 한다.


현대문화에 대한 진단

　예언자들은 시대에 따라 다양한 모습으로 등장해, 다양한 비전을 제시하고 여러 모양으로 비판을 가한다. 오늘날 예언자의 목소리를 가장 감동적으로 전하는 사람을 한 사람을 꼽으라면 싱어송라이터인 브루스 콕번일 것이다. 자신의 노래 "캔디맨은 가버렸다네"[19]에서 콕번은 무너진 기대들, 불쾌한 놀람들, 아이러니한 결과들, 산산조각 난 꿈들과 환상들을 독특하게 그려 낸다. 그리고 이 무너진 기대들은 궁극적으로, '대상을 잘못 택한' 믿음의 결과라고 콕번은 말한다.


　　태양은 정오를 향해 떠오르고
　　금속성 섬광을 일으키며 밥그릇을 떠나는 숟가락
　　벌어진 입을 향해 미끄러져 들어가네
　　이상한 맛을 맛볼 때의 표정을 보라.
　　얼굴은 일그러지고, 혀는 재빨리 뒤로 말린다
　　말하긴 싫지만 캔디맨은 가버렸다네.


　기대했던 달콤함, 기대했던 맛은 돌연 방해를 받는다. 기대했던 일은 이루어지지 않는다. 그래서 "얼굴은 일그러지고, 혀는 재빨리 뒤로 말린다."

　2절에서 콕번은 지극히 개인적인 이미지이자 체험인, 맛에 대한 이미지에서 가정에 대한 이미지로 전환한다.

　　오, 안전한 집, 생각만 해도 달콤해
　　꿀을 얻으려고 벌집을 긁어내지 않아도 되는 집
　　모든 배우들이 장면을 이해하며
　　아무도 비참해지지 않는 집
　　꿈속에서 그 집을 잡고, 노래 속에서 그 집을 잡고
　　길거리에서 그 집을 찾는다면
　　당신은 캔디맨이 가버렸다는 것을 알게 되리
　　말하긴 싫지만 캔디맨은 가버렸다네.

　안전한 집, 곧 이해하고 서로를 받아주는 안식처에 대한 소망조차도 "달콤한 환상"이다. 사람들은 안전한 집을 꿈꾸고 그것을 소재로 낭만적인 노래를 부른다. 하지만 그것은 현실과 동떨어져 있다. 캔디맨은 가버렸기 때문이다.

　그렇다면 캔디맨은 누구인가? 무엇하는 사람인가? 콕번은 3절에서 캔디맨의 정체를, 우리의 삶과 문화에서 맡게 된 그의 역할을 밝힌다.

　　술집에서, 의회에서, 골목에서, 서재에서

세상을 뒤집는 기독교

포주는 모든 사람을 부자로

별 볼일 없는 자를 그럴 듯한 사람으로

낡은 램프를 새것으로 만들겠다는 꿈을 꾸네.

그리고 거리가 백금으로 바뀌게 되면,

금 따위는 안중에도 없네.

이봐, 그걸 넘기라고.

대상을 잘못 택한 당신의 믿음 그리고 캔디맨은 가버렸다네.

말하긴 싫지만 캔디맨은 가버렸다네.


캔디맨은 풍성함, 재물, 그리고 "모든 이들을 위한 부(富)"를 약속한다. 하지만 그 약속은 포주가 우리에게 파는 꿈과 같은 것. 그 꿈은 매춘부와 연관된 냄새나는 것이다. 이제 콕번은 캔디맨이 가버렸기에 그 꿈은 앞으로 이루어지지 않을 것이라고 이야기하며 또한 우리와 캔디맨의 관계를 대상을 잘못 택한 믿음 같은 것이라고 말한다.


대상을 잘못 택한 당신의 믿음 그리고 캔디맨은 가버렸다네.

말하긴 싫지만 캔디맨은 가버렸다네.


콕번은 우리가 무엇을 잃어버렸는지, 캔디맨이 누구인지 시시콜콜 설명하려 들지 않는다. 그는 이미지를 환기하고 상실감을 음악적으로 그려낼 뿐이다. 자세한 내용을 알고 싶다면 다른 예언자들을 찾을 일이다. 하웃즈바르트(Bob Goudzwaard)다.

하웃즈바르트는 내 사고 형성에 지대한 영향을 미친 사람으로 서구의 문화적 상상력, 즉 현대문화의 영적 추진력 혹은 세계관이, 인간 이성이 거리낌 없이 그리고 과학적으로 우리 세계를 탐구하도록 내버려둔다면 진보할 것이라는 신념의 지배를 받았다고 기술한다.[20] 진보에 힘입어 우리는 세계를 지배하고 경제 번영과 안전이라는 인류의 궁극적 목표를 달성하는 데 필요한 힘을 손에 넣을 수 있게 된다. 이는 세 가지 거짓 신들에 대한 예배로 묘사될 수 있는데 현대문화는 천박한 삼위일체와 약속을 맺고 있는 믿음이다. 창조의 세 가지 좋은 측면들, 우리에게 부여된 문화 명령의 세 가지 측면들이 절대화되었고 우상화되었고 우리의 삶을 사악하게 왜곡했다.[21] 그 세 가지 우상들은 과학지상주의(과학이 우리 문화에서 권위 있는 지식을 제공하고 모든 것을 다 아는 계시의 원천으로 기능한다는 믿음), 기술지상주의(과학 지식을, 피조 세계를 다스리는 권력으로 쓸모 있게 전환하여 무엇이든 이룰 수 있게 해주겠다는 약속), 경제지상주의(생활수준의 향상이 삶의 궁극적 목표이며 개인의 행복과 사회의 조화를 이루는 유일한 길이라고 믿는 최고의 우상)다.

우리는 이 저속한 약속을 아직도 지지해야 하는지 우리 시대에 질문을 던져야 한다. 이 신들은 자신들의 약속에 신실한가? 우리는 이 신들을 달래기 위한 희생제물을 계속 드려야 하는가? 그럴 수 없다!

존 듀이(John Dewey)는 과학과 기술을 미래지향적으로 응용한다면 광야가 장미꽃이 피는 곳이 될 것이라고 말한다.[22] 그러나 이사야의 비전(사 35:1)을 이 땅에 실현하고자 했던 그런 시도는 아직도 열매를 맺지 못하고 있다. 아니, 이 우상들을 섬기면 자연이라는 정원이 오히려 사막으로 전락할 뿐이다. 오늘날 진짜 광야는 인간이 거주하는 광야, 즉 우리 자신이 과학기술을 이용해 조성한 도시라는 광야다.

존 케인즈(John Keynes)는 다음 세대를 위해 경제적 필요를 넘어서는 삶을 기획했다.[23] 그러나 이 계획 또한 실패로 끝났다. 사실상 대공황 이후 지금 세대만큼 미래에 대해 걱정하는 세대는 일찍이 없었다. 어느 나라도 예외가 없다. 「맥클린스」(Maclean's)지의 한 논평가는 이렇게 적고 있다. "사회적, 경제적 기획들은 현 세대의 어린이들이 자신들의 부모보다 더 나은 삶의 방식을 기대할 수 없는 20세기 최초의 세대임을 보여줄 뿐이다." 그 논평가는 또한 다음과 같이 말한다. "젊은이들을 대상으로 한 설문의 결과에 따르면, 최근 젊은이들은 자본주의의 회전목마에서 자리를 차지할 기회가 점차 줄고 있기 때문에 자신들이 경제적 풍요를 누리기가 힘들어질 것이라고 대부분 생각하고 있다."[24] 오늘날 젊은 부모들은 이전 세대의 부모들이 가졌던 낙관주의를 이미 포기했다.

우리는 지금 무언가의 종말—문화시대의 종말, 모더니티의 종말, 세속적 상상력의 종말—을 향해 나아가는 것 같다.[25] 물론 이러한 종말은 만만하게 당하고 있지만은 않을 것이다. 현대문화는 결코 우아하게 앉아 있다가 종말을 맞이하지는 않을 것이다. 우리는 아놀드 토인비(Arnold Toynbee)가 말하는 "험난한 시대"

—문화 붕괴의 가능성이 곧 현실로 드러날 격동의 시대—로 들어서 있다.[26] 지금은 쇠퇴하고 있는 문화가 자신을 지켜내기 위해 물불을 가리지 않는 위험한 때, 예언자적 종말이 언제 도래할지 모르는 때다.

모더니티가 쇠퇴하고 있다는 내 주장을 정당화할 증거가 있는가? 먼저 나는 그러한 주장이 결코 완전히 입증될 수 없음을 시인해야겠다. 그러나 그러한 주장은 사회과학적 혹은 역사적 관찰의 문제일 뿐 아니라 감정과 영적 분별의 문제이기도 하다. 우리는 지금 문화의 종말에 와 있다는 느낌은 나의 실제 경험에 뿌리박고 있으며, 문화적 관찰에 뿌리박고 있다.

무엇보다도 과학지상주의는 우리에게 전지(全知)를 약속했다. 과거의 종교적이며 미신적인 전통은 지식, 곧 과학적 방식에 이르는 확실한 통로에 자리를 양보한 지 오래다. 그러나 우리는 과학지상주의가 우리의 지식을 실증적으로 입증하고 계량화할 수 있는 지식으로 환원함으로써 온갖 형태의 비과학적 지식으로부터 우리를 차단시킬 뿐이다. 뉴에이지에 대한 관심의 급격한 증가, 새로운 앎의 방식들, 생태에 대한 관심, 그리고 치유가 그러한 문화적 변동이 일어나고 있음을 암시한다. 하얀 실험실 가운을 입고 있다고 해서 그 사람을 신뢰할 수 있다고 더 이상 보장할 수 없다. 오히려 지금은 실험실 가운은 더욱더 의심의 빌미를 제공하기만 한다.

나아가 우리 시대의 몇몇 뛰어난 과학자들까지 과학으로 해결할 수 없는 사회적이며 윤리적인 문제들을 숱하게 쏟아내고 있다. 이렇게 된 원인 중 하나는 문화 안에서의 과학지식의 증가와 지혜의 증가 사이에 아무런 관계가 없다는 것이다. 그 결과 과학 지식과 기술력의 증가가 도덕과 지혜의 강화와 병행되지 않는다면 오히려 인간의 죄와 어리석음은 커지고 그로 인해 인간의 문화와 보다 광범위한 생태계가 치명적인 손상을 입을 가능성 또한 확대될 뿐이다.[27] 그리고 이는 두 번째 범주의 증거로 이어진다.

인간의 자유가 선을 위해 환경을 조종할 수 있는 기술력으로 무장한다면 그 선이 무엇인지 알 수 있는 지혜를 얻게 될 것이라고 현대문화의 세계관은 가정했다. 그러나 이보다 더 거짓된 가정이 없음은 자명하다. 이 세계관은 우리 자신에 관해 우리 스스로를 속였다. 이 세계관은 우리가 의지의 모호성, 부패, 자기중심주의, 굴레를 다루는 데 전혀 쓸모가 없었다. 자율적 힘의 증가는 지구를 집어삼키고 서로를 파괴할 수 있는 능력을 키우는 데 기여했을 뿐이다. 사실상, 기술지상주의에 대한 우리의 헌신은 얄궃게도 인간의 자율성과 자유의 상실을 낳았다.[28] 기술은 우리의 삶에 운명론적 특성을 부여하였다. 우리에게 전지(全知)를 약속한 기술은 우리를 무기력한 존재로 만들었다. 기술은 역사를 통해 면면히 이어져 내려오는데 인간이 그 기술적 욕구에 순응해버린 것이다. 이는 핵무기 경쟁이라는 미친 짓에서 명백히 드러났다. 조나단 셸(Jonathan Schell)은 핵전쟁의 대참사와 그로 인한 핵겨울이 "지구의 운명"이라고 말한 바 있다.[29] 그러한 대참사는 우리로 하여금 절대악과 정면으로 맞닥뜨리게 하는 동시에 자율적인 인간의 합리성이 낳은 모순의 결과가 어떤 것임을 분명히 보여준다.

물론 핵 위협은 말 그대로 위협일 뿐이다. 그것은 아직 현실로 드러나지 않았다. 하지만 모더니티의 쇠퇴가 이미 역사적 현실이 되었음을 보여주는 또 다른 위협이 있다. 바로 환경 위기다. 전 세계 국가들이 지난 수십 년, 특히 지난 십 년에서 십오 년 동안 그 심각성을 인식해 왔듯이 지구의 환경 파괴, 자연의 약탈, 도시화, 자원 고갈은 그 기간 동안 급속히 증가했다. 이는 경제지상주의의 실패, 좋게 말하면 경제지상주의의 아이러니한 성공이다. 작금의 경제 윤리는 지구를 파멸로 이끌 수밖에 없다. 만족감을, '충분함'을 모르는 경제는 자신의 탐욕을 채우기 위해 환경(특히 타인의 환경)을 희생시키기 마련이기 때문이다.

여기서 우리는 우리가 내리는 진단의 핵심 이슈에 다다른다. 그것은 바로 콕번이 노래한 "캔디맨", 즉 경제성장의 신화다. 인간의 행복은 더욱더 높은 수준의 소비수준을 필요로 한다는 믿음은 거짓일 뿐 아니라 치명적인 위험까지 안고 있는 것으로 드러났다. 국민총생산이 높은 어느 영역이든 그 영역의 사회적 통계는 이러한 신화가 터무니없는 것임을 보여준다. 경제적 부와 개인의 행복, 성취와 행복 사이에는 아무런 상관관계도 없다. 물질의 풍요는 인간에게 성취감이나 행복을 가져다주지 않는다. 이는 성경의 한결같은 가르침이다. 우리도 이제 막 이 교훈을 뼈저리게 터득하기 시작하고 있지 않은가.

이러한 교훈이 경제지상주의의 신화가 거짓임을 보여준다

면 환경 위기는 그 신화가 치명적 위험을 안고 있음을 폭로한다. 경제 성장은 우리의 삶을 위협한다. 이제 우리는 그 위험을 안고 사는 것이 우리의 특권이라고 말할 정도로 길들여져 있다. 앞으로 환경이 꽤 오래 유지되든지 아니면 우리가 환경을 회복하고 이 행성에서의 삶을 연장시킬 기술을 만들어내든지, 사력을 다할 것이다. 하지만 여기에는 도덕적으로 큰 딜레마가 놓여있다. 우리의 소비습관을 유지하기 위한 행위로 인해 지구상의 수십억 인구가 고통을 당하고 있는데 이것은 우리의 후손들과 그 자손들의 목숨을 담보로 내기를 하고 있는 것이나 진배없다. 자신의 자손들에 대한 케인즈의 비전으로 이 진단을 시작했음을 기억하라. 이제 우리는 그들에게 비전이 없음을 목도하고 있다.

우리 사회의 경제 위기는 우리가 자연을 착취하는 것에 필적한다. 미래 세대를 철저히 희생시키면서 우리의 자원을 계속 고갈시키고 환경을 위태롭게 하는 것은 제한된 구좌에서 예금을 인출하는 것과 같은 일이다. 우리는 미래 세대가 물려받을 피조 세계를 탕진하고 있다. 이것은 이 문화가 보여주는 최후의 아이러니다. 진보적이며 미래를 직시한다는 사회가 자신의 후손들에게서 건강한 미래를 앗아가고 있다. 즉 우리 자신의 경제적 번영을 위해 우리 자손들을 희생시키고 있는 것이다.

여기서 나는 구약 성경에 등장하는 암몬 족속의 신 몰렉을 거론하지 않을 수 없다. 몰렉은 어린이들을 번제로 바치라고 요구하는 신이었다. 우상 안에 불을 지피면 그 우상은 열로 인해 시뻘겋게 달아오르고, 북 치는 사람들이 한껏 목청을 돋우면 부모들은 자신의 자녀들을 우상의 열로 녹아내린 손 위에 올려놓는다. 이때 북 치는 사람들은 아이들의 울음소리가 들리지 않도록 더욱 있는 힘을 다해 북을 친다. 경제지상주의라는 신은 고대 몰렉과 같지 않은가? 우리는 탐욕스러운 신의 손 안에 우리 자녀를 올려놓고 있지 않은가? 우리는 살인을 저지르는 세대가 아닌가? 태아의 권리를 보호할 방안을 찾는 데 그처럼 쩔쩔매는 사회가 아직 잉태조차 되지 않은 생명체의 권리에 대해 별로 신경 쓰지 않는 것은 너무나 당연한 것이다.

이러한 분석—현대문화에 대한 이 같은 진단—에 기초해 우리가 속해 있는 문화는 지금 쇠퇴하고 있다고 결론내릴 수 있다. 우리는 문화 시대의 종말을 향해 나아가고 있다. 우리 문화의 에너지는 문자적으로나 상징적으로나 바닥을 드러내고 있는 것이다. 값싸고 풍부한 화석연료의 고갈은 현대에서 문화의 힘과 열정이 상실을 제대로 보여주는 적절한 예다.[30] 우리의 믿음이 대상을 잘못 택하였고 캔디맨은 가버렸기에 우리는 쇠퇴하고 있다. 다음 장에서 나는 이 쇠퇴에 대해 자세히 논할 것이다. 하지만 먼저 예언자적 응답에 대해 먼저 언급하고자 한다.


## 예언자적 응답

우리가 현재 문화적으로 개인적으로 앓고 있는 질병에 대한 예언자적 응답은 어떤 것인가? 이 장을 시작하면서 나는 교회가 문화에 길들여지고 우리가 문화에 길들여지는 것에 대한 적절한 예언자적 응답은 분노에 찬 맹비난이 아니라 애도와 한탄이라고 말했다. 쇠퇴와 그에 따른 죽음이 임박한 시점에서 우리의 영적 무감각과 우리의 문화적 무감각을 깨부술 수 있는 것은 열정적 눈물뿐이다.[31] 완전히 마비된 우리 의식을 깨울 수 있는 것은 열정, 즉 느끼고, 괴로워하며, 돌보며, '함께하는 열정'(com-passion)을 갖는 것뿐이다.

그리스도인은 열정적인 사람이 되어야 한다. 우리 자신의 고통과 기독교 제자도를 실천하려는 자신의 분투를 가감없이 드러내는 사람, 즉 타인의 고통과 우리 문화의 고통을 외면하려고 하지 않는 사람 말이다. 나는 우리가 억압당할 때 울부짖는 사람, 거짓말, 특히 우리 자신에게 하는 거짓말을 폭로하는 사람이 되기를 촉구한다. 그러한 울부짖음은 우리의 울부짖음을 듣는 사람, 언약 백성의 울부짖음에 대해 반응하도록 되어 있는 사람들을 위한 것이기 때문에 힘이 있다.

너무 비관적인 것이 아닌가 생각하는 사람들도 있을 것이다. 왜 낙관적이지 못하는지 의아해할 수도 있다. 하지만 우리가 고려해야 할 것은 비관주의냐 낙관주의냐 하는 것이 아니라 그것이 예언자적 비판이냐 예언자적 소망이냐 하는 것이다. 그리스도인은 낙관주의자가 아니다. 그들은 개인적·문화적·역사적 소망의 궁극적 원천을 알고 있는 사람이기 때문이다. 그리스도인은 비관주의자도 아니다. 그들은 하나님에 대한 애정과 언약에 기초한 순종을 방해하는 우상숭배가 우리 삶에서, 우리 문화에서, 그리고 우리 역사에서 나쁜 열매를 맺는다는 것을 아는 사람이기 때문이다.

우리가 실제로 우리 문화의 세계관이 쇠퇴하는 상황에 처해 있을 때, 그 세계관의 문화적 상상력이 고갈되어 할 수 있는 일이라고는 고작 물질적으로 잘 사는 것에 대한 케케묵은 공식을 떠벌리는 것이라면, 우리 문화의 빈곤한 상상력에 우리가 포로로 잡혀 그러한 상황이 더욱 악화되었다면, 우리에게 절실히 필요한 것은 바로 영적으로 새롭게 된 상상력이다. 이것이 브루그만이 말했던 예언자적 상상력이다.

예언자나 예언자적 공동체가 던져야 할 첫 번째 질문은 비전 혹은 세계관이 현실적이고, 실행 가능하며, 실제적이며, 이행 가능한 것이냐가 아니다.[32] 그것이 우리의 첫 번째 질문이라면 이는 우리의 상상력이 이미 실용적이고 물질주의적이며 세속적인 문화의 포로가 되었다는 징후일 뿐이다. 우리가 던져야 할 질문은 그 비전과 세계관이 상상 가능한 것인가이다. 하나의 비전이 과연 상상 가능한가는 그 비전의 통합점, 그 비전의 입안자가 그 비전이 일어나게 할 수 있느냐의 여부에 달려 있다. 그래서 우리가 던져야 할 질문은, 인간의 일과 세계사를 뒷짐 지고 관망하는 것이 아니라 그것들에 적극적으로 개입하시는 하나님을 과연 우리가 상상할 수 있느냐 하는 것이어야 한다. 그리고 하나님이 실제로 역사를 주관하실 수 있다고 상상할 수 있다면, 다음으로 우리는 그 하나님의 형상으로 이 세상에서 살아가는 것이 어떤 의미인지 분별해야 한다.

결론적으로 우리가 부딪쳐야 하는 질문은, 억압하고 경제를 우상화하는 지금의 정치 대신에 정의와 긍휼이 살아 있는 정치를 우리가 상상할 수 있느냐 하는 것이다. 풍요와 가난의 경제 대신에 평등과 돌봄의 경제를 상상할 수 있는 용기가 우리에게 있는가? 우리 자녀에게 예언자적 비전과 상상력을 가르칠 때 어떤 일이 일어날지 상상할 수 있는가? 우리의 직장생활이 우리가 드리는 예배─풍요로운 생활방식을 지향하는 필요악이 아닌 섬김과 찬양의 행위─와 일치될 때 어떤 일이 일어날지 상상할 수 있는가? 의미와 가치를 시장에서의 생산성으로 측정함으로써 은퇴를 의미와 가치의 상실이라 정의하는 생산지향적인 사회에서 노인들이 우리 공동체에서 더없이 중요한 역할을 수행할 수 있음을 상상할 수 있는가? 죽음에 대한 병적인 집착을 타파하고, 배아 단계뿐 아니라 모든 단계에 있는 생명체를 참으로 긍정하는 사회를 상상할 수 있는가? 인간을 제외한 모든 피조 세계와 착취가 아닌 우호적 관계를 맺는 것을 상상할 수 있는가? 대중 매체가 우리로 하여금 문화적 만족에 잠들게 하는 것이 아니라 사회적·문화적·영적 갱신을 일깨우는 동인(動因)이 될 수도 있음을 상상할 수 있는가? 이윤, 오염, 불필요한 소비재보다 청지기적 사명, 환경 보호를 특징으로 하는 기업을 생각할 수 있을 만큼 우리의 상상력이 영적으로 개방되어 있는가?

　　쇠퇴하는 문화의 한가운데서 예언자적 상상력이 우리에게 제기하는 질문들이 바로 이런 것들이다. 우리는 예언자적 공동체, 예언자적 백성이 되라는 부름을 받았다. 우리는 소비자가 아닌 언약 백성이 되라는, 잠들어 있지 말고 열정적으로 깨어 있으라는, 문화 추종자가 아닌 문화 형성자가 되라는 부름을 받았다. 이 말은, 아모스의 말을 빌리자면, 우리가 "정의를 물같이, 공의를 마르지 않는 강같이 흐르게"(암 5:24) 해야 한다는 뜻이다. 또한 이 말은, 사도 요한의 표현대로는 "우리 자신을 지켜 우상에게서 멀리해야"(요일 5:21) 한다는 뜻이다.

기적을 기다리며:
그리스도인의 애통

3

## 시대를 분별하는 것에 관해

나는 보통 시계를 차고 다니지 않는다. 손목에 뭘 차고 있으면 영 마음이 편치 않아서다. 그래서 나는 매번 남들에게 시간을 묻곤 한다. "지금 몇 시인가요?"라는 질문에 몇 가지 답변을 듣는다. "오전 10시예요"라고 간단히 답하는 사람이 있는가 하면 쉬는 시간이 한참이나 지났는데도 강의를 끝내지 않는 나에게 짜증이 나 볼멘소리로 "교수님, 시계 하나 사시죠"라고 말하는 학생도 있다. 시간의 의미도 사람마다 다양하게 적용된다. "시간이 다 됐군요"라는 말은 임신 9개월이 지난 여자에게는 출산할 때가 가까이 왔다는 것을 가리키기도 하고 나이가 너무 들어 쇠약해진 사람에게는 죽을 때가 임박했다는 뜻이 되기도 한다.

전도서 저자는 시간의 다차원성을 훤히 꿰뚫고 있는데, 이는 일상에서 시간의 리듬과 패턴을 의식하며 사는 우리들에 대해서도 마찬가지다. 모든 일에는 때가 있다. 포옹할 때가 있고 포옹을 삼갈 때가 있다. 접촉하고, 껴안고, 키스하고, 육체적 친밀감을 나누는 일이 중요하고 필요하며 적절한 때가 있다. 포옹을 삼가는 것이 포옹 못지않게 중요하고 필요하며 적절한 때도 있다. 입을 다물어야 할 때가 있고 입을 열어야 할 때가 있다. 무너뜨릴 때가 있고 고쳐야 할 때가 있다. 지혜란 지금이 어느 때인지를 아는 것이라고 전도서는 말한다.

시대를 분별할 줄 아는 그러한 지혜는 문화의 포괄적 시간관이라는 것에 깊이 각인되어 있다. 프레이저(J. T. Fraser)는 이렇게 말한 바 있다, "한 개인의 세계관, 한 시대의 세계관, 즉 삶에 대한 인식이자 선호하는 사물에 대한 관념은 본질적으로 시간관을 의미한다."[1] 말하자면 온갖 세계관과 삶에 관한 오리엔테이션과 관점에 내재된 것은 문화가 자신을 건설하고, 방향을 설정하는 이야기들을 통해 역사적으로 매개되는 시간관이다. 그 결과 "모든 문화는 그것이 채택하는 시간관을 반영한다."[2]

이 장에서 나는 우리에게 필요한 것 중 하나는 우리가 애통할 시간을 갖는 것으로 나는 이를 사별 과정과 관련된 문화적 시간관에 관해 언급하고자 한다. 최근 들어 우리는 사별 과정과 장례 시간의 속도가 빨라지는 것을 목도하고 있다. 한 예로 1927년에 에밀리 포스트는 미망인을 위한 공식 애도기간이 3년이라고 말했다. 1950년이 되자 6개월도 꽤 길다고 생각되었고, 1972년 에이미 밴더빌트는 "장례식이 끝난 후 대략 1주일 안에 여느 때처럼 사회생활을 하거나 하도록 애쓸 것"을 유가족에게 권고했다.[3] 죽으면 그것으로 끝이고 살아 있는 사람은 어떻게든 살아야 하며 과거는 지나간다는 것이 우리 사회의 통념이 되었다. 따라서 우리는 현재에 충실해야 하고 물질적 도움을 제공해 주지 못하는 애도기간은 가능한 한 짧아야 한다.

따라서 한 개인의 세계관이 드러내는 시간관은 지금이 어느 때인지를 알려주는 셈이다. 이는 지금이 애도할 때인지, 애도기간이 얼마나 길어야 하는지를 말해 주며 그 애도기간에 대해 어떤 가치를 부여해야 하는지에 대해서도 말해 준다.

하지만 한 문화의 시간관은 단지 개인적인 애도의 문제 그 이상을 알려준다. 그러한 포괄적 시간관은 생산과 일의 속도, 예컨대 얼마나 빨리 학교를 마치고 학위를 취득해야 하는지, 언제 결혼해서 아이를 갖고 집을 장만해야 하는지를 결정하기도 한다. 우리 사회와 관련하여 아이러니한 것 중 하나는 사회의 내적 동력이 빨라지는 경향을 보이는 반면에 젊은이들은 대체로 졸업이나 결혼 그리고 출산 등을 뒤로 늦춤으로써 자신도 모르게 이러한 시간관념에 반항하는 것처럼 보인다는 점이다. 『성장이 지연된 세대』(*The Postponed Generation*)[4]의 저자 수전 리트윈(Susan Littwin)에 따르면 베이비붐 세대는 기대치가 낮은 나라에서, 곧 책임이 따르고 의젓하게 행동해야 하는 성년기를 30대로 늦추고자 하는 자신들의 성향에 이바지해 온 불안의 시대에서 성장했다. 우리 사회가 시간을 이해하는 방식에 변화가 생기는 것은 이 때문일 것이다.

하지만 궁극적으로 시간관은 역사의 보다 포괄적이며 궁극적인 질문—역사는 어디로 가는가와 같은—을 다룬다. 우리의 방향 설정은 역사와 우리의 역사 참여를 평가하는 기반으로 작용하는 미래에 대한 비전을 우리에게 제공한다. 우리는 주위에서 일어나는 사건들을 성공이나 실패로 규정하고, 역사를 만드는 사건들이 무엇인지, 역사를 형성하는 사람들이 누구인지, 그리고 우리가 이러한 궁극적인 질문들에 제공하는 답변이라는 관점에 의거해서 역사의 최종 목표를 향해 나아가는 과정 중 우리가 어느 시점에 있는지를 결정한다.[5]

"기술 시대에서의 윤리"를 주제로 캐나다 구엘프대학교가 주최한 학술회의에서 참석자들은 지구라는 행성에서의 삶이 지속될 수 있는지에 대해 깊이 우려할 때가 되었다고 한목소리로 의견을 모았다. 하지만 이 위기에 대처하는 방식에 대해서는 의견이 엇갈렸다. 로마 클럽의 총재 알렉산더 킹(Alexander King)은 지구가 살아남으려면 이기주의에 대한 반성, 즉 진화론적으로 자아를 확대하여 미래 세대를 고려하는 일이 필요하다고 주장했다. 그리고 킹은 그러한 진화론적 진척은 교육을 통해서만 가능하다고 덧붙였다.

시카고대학교의 역사학자 윌리엄 맥닐(William McNeill)은 역사의 진행이 인간이 추구하는 목적을 언제나 능가하기 때문에 관료제가 가장 잘하는 일—역사의 진행속도를 늦추는 것—을 하기 위해 세계적으로 거대한 관료제를 세우는 데 우리의 유일한 소망이 있다고 토로했다. 종말에 대한 케인즈 경제학의 자유분방한 믿음을 신뢰하는 존 케네스 갈브레이드(John Kenneth Galbraith)는 정부가 개입하여 기술의 발전을 통제해야 한다고 조언했다.

위에서 언급한 사람들은 한 가지 사실에 의견이 일치하는데 그것은 바로 우리가 큰 변화가 일어나는 위험한 시대에 살고 있다는 점이다. 하지만 새로운 진화론적 단계나 세계적인 관료제나 케인즈 경제학에서 말하는 적극적인 간섭이 이 시점에서 필요한지에 대해서는 의견이 제각각이다. 구엘프대학교의 학술회의에서 학계 지도자들의 강연을 듣는 동안 내 마음은 몹시 심란했다. 그들의 터무니없는 제안이나 현 상황에 대한 그들의 절대적인 충성도 때문이 아니었다. 내 마음이 심란했던 것은 그들에게 열정(passion), 즉 긍휼(compassion)이 없다는 점 때문이었다. 그들의 강연은 여러 면에서 무미건조했다. 이 지도자들은 지구의 위기에 대해서는 매우 탁월한 의견을 제시했지만 정작 이 위기 앞에서 눈물을 흘릴 생각은 전혀 하지 않았다.

## 숨죽이며 울고 있는 이들을 보듬어야 할 때

시간관에 관한 한 나는 학자들에게 의존하지 않는다. 지금이 어느 때인지를 분별하려면 오히려 시인의 도움을 구해야 한다. 그들은 새로운 방식으로 이 문제를 인식하도록 해주기 때문이다. 앞 장에서 분명히 언급했듯이 예언자적 관점에서 때를 분별하는

데 시인 브루스 콕번은 이번에도 우리에게 큰 도움을 준다. 콕번은 자신의 노래 "바보들의 축제"에서 이 때를 이렇게 분별한다.[6]

> 지금은 숨죽이며 우는 사람들을 사랑으로 보듬어야 할 때.
> 지금은 그들을 무덤에 파묻으려는 사람들이
> 오히려 무덤 속으로 떠밀려 들어가 묻혀야 할 때.
> 지금은 기업의 얼굴 없는 제왕들까지도
> 우주의 지평선을 흘끗 쳐다봐야 할 때.
> 지금은 혼돈이 이기고 나중에 시시한 것으로 드러날
> 상을 갖고 걸어 나가야 할 때(당신을 우롱했다, 당신을 우롱했다).

콕번은 열정적 사랑과 예언자적 반전(reversals)으로 시대를 읽어내고 있다. 지금은 어느 때인가? 지금은 "숨죽이며 우는 사람들을 사랑으로 보듬어야 할 때", 깊은 상처를 받았거나 무자비하게 억압당해 온 사람들을 안전과 소망으로 감싸 안고 보듬어야 할 때다. 우리는 그들이 누구인지 이미 알고 있다. 그들은 학대받고, 무시당하고, 잊혀지고, 자유와 존엄성을 박탈당해 온 이 세상의 희생자들이다. 그들은 최소한의 관심조차 받지 못하는 사람, 아무 말도 하지 않고 있기 때문에 사람들이 그 고통을 알아채지 못하는 사람들이다.

하지만 지금이 숨죽이며 우는 사람들을 사랑으로 보듬어야 할 때라면, "그들을 위해 무덤을 파는" 사람들—학대하고, 무시하고, 잊어버리고, 희생시키는 사람들—이 "오히려 무덤 속으로 떠밀려 들어가 묻혀야 할" 때이기도 하다고 콕번은 말한다. 세상을 얻으려고 하는 자는 세상을 잃어버린다는 차원에서 콕번의 예언자적 반전은 성경적이다. 예언자적 축복에는 언제나 예언자적 고뇌가 수반되기 마련이다. 콕번은 '당신들의 시간은 다 되었다'고 말한다. 희생시키는 사람들은 이제 곧 희생당하는 사람들이 될 것이다. 자신들이 구축한 환상의 세계에 살고 있는, "기업의 얼굴 없는 제왕들"은 마침내 우주가 실제로 존재하는 방식을 어렴풋이 눈치 챌 것이다. 혼돈이 이기고 결국엔 시시한 것으로 드러날 상—역사적 단계에서 이 제왕들, 이 "승자들", 이 "유력자들"이 정의하는 역사적 과정의 목표—을 갖고 걸어 나가기 전에 말이다.

브루스 콕번에게 지금은 어느 때인가? 지금은 급작스런 역전이 필요한 때다. 이는 역사적 단절에 대한 비전으로, 지금 여기서 존재하는 것은 정상적인 것으로 받아들여지지 않을 것이다. 콕번이 말하듯이, "정상은 언제나 악화되기" 때문이다.

유행하는 파시즘은 상황을 지배하네
수지타산이 맞지 않을 때는 수단을 정당화하는 게 더 쉽다네
세입자들은 음식물 찌꺼기를 먹고 집주인들은 크림을 먹네
민주주의의 꿈이 지루하게 이행되면서
껍질이 터지는 동안
방독면을 쓰고
춤을 추는 우리 인간들을 데려올 때

정상은 언제나 악화되기 마련이라네[7]

현상을 유지하고 기존 체제를 고수하는 것은 역사적 분별력을 잃고 상황을 악화시킬 뿐이다. 그것은 "민주주의의 꿈이 지루하게 이행되는 것"과 조화되지 못한다.

콕번이 오늘날 우리에게 들리는 단 하나의 예언자적 목소리는 아니다. 솔직히 나라면 그의 관점을 소수자의 의견이라고 규정하겠다. 대다수는 민주주의의 꿈의 갑작스러운 단절, 역전, 이행을 인지하지 못한다. 오히려 그들은 역사의 연속, 역사의 정상적 진행에 따른 승리를 만끽하고 민주주의의 꿈의 마지막 역사적 타당성을 축하하기에 바쁘다. 이들에게 잘 알려져 있고 또 이들을 대변하는 가장 상징적인 인물은 미국 국무부의 관료였으며, 유명한 미래 정치학자인 프랜시스 후쿠야마(Francis Fukuyama)다.


## 역사의 종말

프랜시스 후쿠야마는 네오콘의 기관지 「더 내셔널 인터레스트」(The National Interest)에 "역사의 종말?"[8]이라는 제목의 논문을 발표했다. 이 논문은 후쿠야마의 스승인 앨런 블룸(Allan Bloom)이 이보다 2년 앞서 펴낸 『미국 지성의 종말』(The Closing of American Mind)[9]이라는 책 못지않게 커다란 파문을 일으켰다. 후쿠야마는 토크쇼에 빈번하게 초청되었고, 그의 논문은 단행본으로 출간되어 전 세계로 퍼져나갔다. 다우닝 가 10번지(영국의 총리 관저가 있는 곳–옮긴이)에서는 이 책을 대량주문했고 수많은 저술가들이 그의 논문을 비판하거나 그 내용을 사설로 다루었다. 이 논문으로 하나의 산업이 생겨났다고 말할 수 있을 정도였다. 이미 포화상태에 이르긴 했지만 역사의 종말에 대한 우리의 명확한 이해를 위해 후쿠야마가 역사의 종말을 어떻게 이해하는지 기독교적으로 고찰해 볼 필요가 있다.

후쿠야마의 논문은 "세계사에서 대단히 중요한 어떤 일이 일어났다는 느낌"으로 시작된다. 두 번째 천 년의 마지막 십 년을 향해 다가서던 1989년 여름, 냉전의 완화, 소련에서의 페레스트로이카(perestroika · 옛 소련 고르바초프 대통령의 개혁 정책–옮긴이)와 글라스노스트(glasnost · 옛 소련 고르바초프 대통령의 개방 정책–옮긴이)의 확산, 그리고 동구와 서구 사이의 평화 분위기 조성과 같은 사건들은 하나같이 우리 시대에 어떤 역사적 변화가 일어나고 있음을 시사하고 있었다. 이 사건들이 예기치 않거나 우연히 일어난 것이 아닐 뿐 아니라 무언가 본질적인 어떤 것이 변화하고 있다는 것을 후쿠야마는 감지했다.

후쿠야마는 논문의 초두에서 자신의 논제를 이렇게 진술한다.

시작부터 서구 자유민주주의의 최후 승리를 조금도 의심치 않았던 20세기는 막을 내릴 때가 되자 한 바퀴를 돌아 제자리로…당연히 경제적 및 정치적 자유주의의 승리로 돌아가고 있다.

이 역사적 변화의 승자는 서구 자유주의의 경제력 및 군사력일 뿐 아니라, 더 중요하게는 서구 자유주의의 승리를 나타내는데, 이는 첫째 "서구의 자유주의를 대신할 실행 가능하고 체계적인 대안들이 완전히 무력해진 것에서", 그리고 둘째 "소비자 중심주의적인 서구문화가 확산된 것에서" 명백히 알 수 있다고 주장한다.

그러나 우리가 이런 주장에 동의하려면 다음과 같은 질문에 먼저 답해야 한다. 이 특수한 역사적 승리를 역사의 종말과 동일시할 수 있는 이유가 있는가? 언젠가 또 다른 이데올로기(아마도 공산주의는 아닐 것이다!)가 출현해 자유주의를 패배시키지는 않으리라는 가능성은 없는가? 후쿠야마는 우리가 눈앞에 펼쳐지는 사건들의 중대성을 이해하지 못한다고 답할 수도 있다. 우리는 지금 우연한 사건을 목격하고 있는 게 아니다. 우리는 역사의 본질적 성격, 목표, 목적의 성취 그 자체를 목도하고 있다. 이것은 역사의 종말이자, 궁극적 목적지다. 공산주의의 패배와 자유민주주의와 자본주의의 승리가 "역사의 종말을 특징짓는다. 즉 인류의 이데올로기적 진화의 최종 목적지와 자유민주주의의 보편화를 인간 정부의 최종 형태"로 특징지을 수 있다고 말한다.

위대한 계몽주의 사상가이자 철학자인 헤겔(G. W. F. Hegel)에 대한 논의에서 후쿠야마는 러시아 출신의 프랑스 철학자 알렉산드르 코제브(Alexandre Kojeve)의 해석에 기초해 자신의 역사인식의 이론적 토대를 설명한다.[10] 간단히 말해 후쿠야마는 온갖 형태의 유물론—마르크스주의자들의 유물론이든 「월스트리트 저널」

(*Wall Street Journal*) 식의 유물론이든—을 배격한다. 헤겔 철학의 충직한 신봉자인 그는 관념이 역사의 진정한 추진력이라고 주장한다. 후쿠야마가 말하는 '관념'이란 "이데올로기의 지시문 아래서 이해가 가장 잘 되는 광범위한 통합적 세계관"을 뜻한다. 역사를 움직여 왔던 관념이 마침내 자유민주주의라는, 절정에 이르는 결과를 낳았다는 것이다. 후쿠야마 이론은 관념과 의식은 물질계와 무관하다는 데 핵심이 있다. "의식은 결과가 아니라 원인이며, 물질계와 무관한 자생능력을 갖고 있다. 따라서 현재 일어나고 있는 혼란스럽기 그지없는 사건들의 근저에 있는 진정한 '텍스트 배후의 의미'는 이데올로기의 역사다." 물질계는 "특정한 의식 상태의 존속 가능성"을 높이는 데 기여할 수는 있지만 "물질계를 자신의 형상대로 개조할" 수 있는 것은 궁극적으로 의식이다.

이 주장은 이해하기 어려울지 모르나 매우 중요한데 그 이유는 후쿠야마가 의식을 모호하게 기술하고 있기 때문이다. 그는 역사적 인간의 특정한 세계관 혹은 이데올로기 같은 "특정한 의식 상태"에 대해, 그리고 현실 세계와 무관하게 발전할 수 있는 의식에 대해 이야기한다. 어떤 의식이든 그것이 특정한 것이 되려면 특정한 시공간에서 물질계와 연결되어야 하기 때문에 그의 말은 우리에게 혼란을 일으킨다. 만일 우리가 후쿠야마에게 의심할 수 있는 특권을 주고자 한다면 우리는 특정한 사람들이 특정한 때에 무슨 생각을 했는지를 언급하기 위해서가 아니라 통합하는 의식을 언급하기 위해 그가 의식(대문자 'C'를 사용해서)에 관해 사용한 언어에 경청할 필요가 있다. 자유민주주의로 승리를 거두었고 현실로 나타난 관념(대문자 'I'를 사용해서)은 인간의 권리와 자유에 대한 계몽주의의 특정한 관념일 뿐 아니라 실재의 완전한 진실, 즉 "절대적이며 다른 것이 능가할 수 없는 진실이기도 하다."

이런 이유로 공산주의에 대한 자유주의의 승리는 어쩌다 혹은 우연히 일어난 사건이 아니라고 한다. 그것은 절대 관념의 자아실현이며, 따라서 역사의 종말이다. 역사를 지배하기 위해 더 갈 곳도, 논쟁할 사람도 더 이상 존재하지 않는다. 절대 관념은 이제 실현되었다. '끝까지 가봐야 아는 것이라면', 자유민주주의는 피날레를 멋있게 장식하는 가수인 셈이다!

역사 이후의 상황에서 남는 것이라고는 이전의 모순들이 해결되고 인간의 욕망들이 충족된 보편적 동질 국가뿐이며 싸워야 할 이데올로기적 전투가 더 이상 없으므로 "남는 것은 경제 활동뿐이다." 혹은 후쿠야마의 말대로, "우리는 보편적 동질 국가의 내용을, 경제 영역에서는 DVD와 스테레오에 쉽게 접근할 수 있는 것과 결합된 것으로, 정치 영역에서는 자유민주주의로 요약할 수 있을 것이다." 사실상 "보편적 소비 문화는 보편적 동질 국가의 상징이자 지주가 되었다."

후쿠야마의 요지는 우리의 주도로 이러한 상태에 다다른 것이 아니라 강력한 경쟁자들이 스스로 떨어져 나가 이 상태에 도달했다는 것이다. 그는 말한다. "역사의 종말에서 모든 사회가 성공적인 자유주의 사회가 될 필요는 없다. 특별한 그리고 더 고상

한 형태의 사회를 대변하는 이데올로기의 겉치레를 제거하기만
하면 된다." 따라서 그에 의하면 역사의 종말에서 자유민주주의
와 공산주의를 가르는 경계선은 더 이상 존재하지 않는다. 오히
려 (자유주의의 동질성에 다다른) 역사 이후의 사회들과 아직도 "역
사의 수렁에 빠져 옴짝달싹 못하는"―전 세계의 삼분의 이를 포
함하는―사회들 사이에 경계선이 설정된다. 이 '역사적인' 사회
들에서 이데올로기 투쟁과 무력 투쟁은 계속될 것이지만 막강하
기 이를 데 없는 강대국들이 소규모 접전들은 별개로 하고 더 이
상 역사에 속박되지 않기 때문에 세계는 지금 자유주의의 세속
적 유토피아의 평화 안으로 진입하고 있는 것처럼 보인다.[11]

　이미 (자유주의의 세속적 유토피아의 평화에) 다다랐으니 후쿠야
마 말대로라면 우리는 매우 행복한 사람이며, 이제 소비자 중심
주의의 만족스런 향락의 시대를 열 수 있을 거라고 예상할 수 있
다. 하지만 후쿠야마는 그렇지 않다고 말한다. 역사에서 사람들
로부터 담대함, 용기, 이상주의, 상상력을 필요로 한 것들이 "실
리적 계산, 기술적 문제의 해결, 환경에 대한 우려, 그리고 소비
자의 까다로운 요구들이 충족되면서" 더 이상 필요치 않게 될 것
이기 때문에 "역사의 종말은 매우 슬플 것이다." 한마디로 역사
의 종말은 지루하기 때문에 슬프다![12]

　그렇다면 후쿠야마에게 지금은 어느 때인가? 지금은 역사의
종말이다. 해야 할 일이 거의 없어졌기 때문에 역사의 종말이 슬
프고 따분할 수도 있지만 그렇다고 해서 지금이 한탄할 때는 아
니다. 왜냐하면 이 종말은 성취이기 때문이다. 역사는 온갖 실질

적인 어려움을 무릅쓰고 자신의 과제를 완수했으며, 자신의 본
질적 관념을 구체화했으며, 의식을 실체화했다는 뿌듯함으로 자
리에서 물러날 수 있고, 임무 완수를 충실히 수행했기 때문에 이
제 상을 받을 수도 있다. 지금은 어느 때인가? 지금은 역사 이후
의 새로운 시대로 접어든 것에 대해 자축하며 격려할 때다!


## 자유민주주의에 대한 기독교적 비판

프랜시스 후쿠야마의 상황 판단은 틀렸다. 몇 가지 반증을
제시해 보자.

첫째, 후쿠야마의 역사인식은 그의 멘토인 앨런 블룸, 알렉
산드르 코제브 그리고 G. W. F. 헤겔과 마찬가지로 찰스 테일러
(Charles Taylor)가 말하는 "서구의 빤한 자민족중심주의"[13]라는 문
제를 여전히 안고 있다. 실제로 후쿠야마는 아직도 "역사의 수렁
한가운데 있는" 사회의 문화적 관점들을 무시할 뿐 아니라 민주
주의가 "인류 공동의 이데올로기적 유산"이라고 주장한다. 그 결
과 세계 인구의 거의 대다수는 그가 거만하게도 공동 유산이라
고 여기는 것에서 제외된다. 내가 말하고자 하는 요점은 이것이
역사적 오만이자 협소한 자민족중심주의(이는 역사의 보편적이며
본질적인 성격을 인식하고 있다고 주장하는 누군가에게는 야릇한 운명이
다!)일 뿐더러 또 다른 이데올로기 형태의 집단적 야만 행위라는
것이다. 이 특별한 "역사적 백성들"은 인류 전체가 실제로 관여

하는 일과는 거리가 먼 일을 하고 있는 것이다.

둘째, 후쿠야마는 자유주의적 자본주의의 승리에 대한 자신의 설명이 자본주의가 고할 수도 있는 종말을 가리킨다는 것을 모르고 있다. 미국과 캐나다와 같은 나라들에서 중산층이 득세한 것을 보면 마르크스가 말한 무계급 사회가 이미 실현되었으므로 마르크스주의는 더 이상 대안이 될 수 없다고 말이다. 하지만 최근의 경제 동향은 중산층의 쇠퇴를 지적한다. 1960년대에는 캐나다 인구의 27.4%가 중산층이었다. 1980년대에는 그 비율이 21.5%로 떨어진 반면 상류층과 빈곤층은 더 늘어났다.[14] 잘사는 사람은 늘어났고 못사는 사람도 늘어났지만 중산층은 줄어들었다. 적어도 이론상으로는 공산주의가 자라나는 바탕인 계층 양상이 자본주의가 가장 잘 발달한 북미에서 전개되고 있다. 이 양상들은 새로운 형태의 파시즘이 자라날 수 있는 토양을 제공할 여지가 있다.[15]

셋째, 자본주의 사회에서 이러한 빈부 격차는 훨씬 더 근본적인 모순을 드러낸다. 후쿠야마에게 있어 자유민주주의는 최우선적으로 인간의 보편적인 자유권을 보호하는 법체계다. 자유권은 먼저는 피지배층이 민주적으로 동의하는 가운데 행사되고, 다음으로 경제적 자유를 누리는 것에서 행사된다. 이것이 이른바 '민주적 자본주의'이다. 하지만 미국의 양당 체제나 캐나다의 3당 체제에서 국민이 참된 민주적 선택을 하고 있다고 결론내리는 사람은 거의 없다.[16]

정치적 자유를 행사할 수 있다는 것과 그에 따른 경제적 자유를 누린다는 것은 전혀 다른 이야기다. 캐나다에서는 인구의 90%가 토론토 주식시장의 절반 이상을 소유하고 있고 약 20%가 가난에 시달리고 있다. 1989년 국가 재정의 47%는 개인이 낸 세금으로 충당했는데 기업이 낸 세금으로 충당한 비율은 고작 9%였다. 실제로 1987년 기업이 거둔 270억 달러의 이익에는 세금이 부과되지도 않았다. 이러한 불평등은 여기서 그치지 않는다. 미국 최고 기업 800개 가운데 흑인 CEO는 단 한 명도 없으며 히스패닉계 CEO와 여성 CEO는 각각 한두 명에 불과하다.[17] 이 통계수치에 의하면 민주적 자유주의의 만개를 자축할 때는 아직 멀었다고 봐야 한다.

넷째, '역사 이후의' 민주주의에 대한 기록 역시 국제무대에서는 썩 좋은 편이 아니다. 몰락한 것은 세상 돌아가는 사정에 밝았던 차우셰스쿠만이 아니었다. 니카라과의 소모사, 칠레의 피노체트, 이란의 샤, 그리고 필리핀의 마르코스와 같이 미국의 지지를 받은 독재자들도 그랬다. 마누엘 노리에가는 한때 미국의 꼭두각시 노릇을 했고, 사담 후세인은 한때 미국의 맹우였다. 후쿠야마가 헤겔 철학의 철저한 신봉자로서 자축하면서 이처럼 심각한 모순을 눈치 챌 수 없는 것은 어쩌면 당연한 일이다.

반면에 브루스 콕번은 후쿠야마가 자유민주주의라고 부르는 것에 대해서 예외없이 비판한다.


기세등등한 그들이 온다.
시장에서 폭리를 취하는 데 혈안이 된

군부의 총이 뒷배를 봐주는 국제적인 고리 대금업자들

그들의 말은 늪이며,

그들의 이마는 가난한 자들의 피로 얼룩져 있다.


삶의 질을 떨어뜨리고

분노를 필수품으로 만들며

나라를 강제 노동 수용소로 만듦으로써

자유의 챔피언이란 이름으로 다니는 현대판 노예 상인들.


사악하고 냉소적인 도구인 무기로 드리는 성례는

이른바 '앞선' 나라들 우상화된 이데올로기에 대한

폭정의 신격화에 대한 유일한 응답.


동 서 남 북

최상의 것들은 죽이고 나머지는 구입한다.

떼돈을 벌려면 1달러만 쓰면 되지

당신은 눈길 한 번 주는 법이 없다

곤궁에 처한 사람들에게.[18]


어쩌면 후쿠야마 자신이 "자유의 챔피언이란 이름으로 다니는 현대판 노예 상인"일지도 모른다. 서구의 자본주의자들이 인류 공동의 이데올로기적 유산을 물려줄 수 있다면, 서구의 자본주의자가 절대 의식의 지고한 자기실현이라면, 이 서구는 세상에서 가장 특이한 방식으로 자신의 자유주의적 관념을 전파하며 나아가 이 절대 의식을 표명하고 있는 셈이다! 그러나 그처럼 국제적인 행동을 허용하고 명령하는 역사 이후의 사회와 역사적인 사회로 양분하는 태도 역시 후쿠야마의 것이다. 역사 이후의 사회들은 지금 동질성을 유지하며 평화롭게 살 수 있는 반면 아직도 역사의 수렁에서 허우적대는 사회는 자유민주주의라는, 역사 이후의 빛으로 진화할 때까지 계속 지배를 받아야 한다. 마르크스의 프롤레타리아 독재는 역사 이후 사회의 독재—콕번이 말하는 "이른바 '앞선' 나라들의 우상화된 이데올로기에 의한 폭정의 신격화"—로 대체될 것이다.

지금까지 논한 자유민주주의의 모순들이 이 특정한 역사 의식의 주된 결함이라면 후쿠야마의 분별력이 없음을 드러내는 다섯 번째 사례—위험에 처한 우리의 환경—는 더 치명적이다. 다음에 나열된 환경의 위기들은 우리에게 더 이상 낯설지 않은 것들이다. 사막화, 멸종, 오존층 파괴, 공기 및 수질 오염, 핵폐기물, 산성비, 산업 폐기물, 산림 벌채, 이산화탄소 배출의 증가로 인한 온실효과 등. 하지만 어느 것도 후쿠야마의 자축하는 분위기를 가라앉히지 못하고 있는 것 같은데 그 이유는 환경파괴라는 상황이 후쿠야마의 진보적 세계관이 거둔 승리에 대한 아이러니한 증거—이를 테면 진보적 자본주의가 거둔 성공의 지표는 이 자본주의가 초래하는 산성비의 양으로 측정된다—처럼 보이기 때문이다.

"진보는 자본주의와 뗄 수 없는 관계에 있다고 생각되어 왔고, 거꾸로 '정적'이며 진보하지 않는 자본주의는 자본주의의 붕괴를 알리는 서막이거나 자본주의가 추구하는 역사적 목적에 반하는 것으로 생각되어 왔다"고 로버트 하일브로너(Robert Heilbroner)는 지적하였다.[19] 후쿠야마는 하일브로너가 제시하는 방정식—진보와 자본주의의 관계—의 첫 번째 부분은 이해하고 있지만 두 번째 부분에 대해서는 전혀 모르고 있는 것 같다. 자본주의 자체의 역사적 목적을 성취하기 위해 자본주의가 계속 진보해야 한다면, 그리고 자본주의가 추구하는 역사적 목적이 성취되지 않을 수도 있다는 가능성을 후쿠야마의 역사관이 고려할 수 없다면 환경파괴—후쿠야마의 범세계적인 소비자 사회가 초래하는 불가피한 결과—는, 자유주의의 논리를 정면으로 반박하는 것이며, 역사의 정상적 과정인 것이다. "창조주(Nature)를 부정하는 것이 행복에 이르는 길"[20]이라고 말한 사람이 자유주의의 아버지인 존 로크(John Locke)임을 고려하면 이는 당연한 논리적 귀결일 것이다.

그러나 자유주의적 자본주의의 소비 윤리가 낳은 결과가 아이러니하게도 개인의 자유와 안정의 진보를 이룬 것이 아니라 오히려 그 반대였음을 후쿠야마는 모르고 있다. 자유주의적 자본주의(와 그것의 계몽주의가 낳은 사악한 쌍둥이인 국가사회주의)는 자신이 배출한 쓰레기로 인해 질식되면서 미래의 생태학적 위기와 정면으로 맞서려면 인간의 자유와 소비자의 획득에 끊임없이 제약을 가해야 하는 불안정한 세계를 낳았고, 가속화되고, 왕성해지는 자유주의적 자본주의의 식욕은 제한적이며 생태학적으로 민감한 피조 세계의 현실과 정면충돌하고 있다.

　통찰력 있는 관점을 위해 다시 한 번 브루스 콕번의 노래에 주목해 보자.

　　은하계의 가장자리 밖에
　　주님이 주신 선물들이 찢겨진 채 놓여 있네.
　　그 선물들을 책임지고 받은 자들에게
　　이를 위해 태어난 수많은 자들에게 그것은 저주가 되었네.

　　이것이 나의 고민
　　이분들이 내 조상이었지
　　이제 나는 어떻게 해야 하나?
　　부서진 바퀴의 가장자리 위에서.[21]

　당신이 "은하계의 가장자리 밖에" 있을 때 당신은 무언가의 바깥 쪽 변두리—아마도 맨 끝일—에 있는 것이다. 하지만 콕번은 이 끝을 이데올로기적 진화의 종말이나 절대 사상의 성공적인 자기실현으로 생각하지 않는다. 도리어 그는 여기에서 "주님이 주신 선물들이 찢겨진 채 놓여 있는" 것을 본다. 콕번이 생각하는 역사는 의식 안에서 자유에 대한 본질적 관념이 필연적으로 구체화되는 것이 아니다. 그렇다. 역사는 청지기직을 책임감 있게 수행해야 하는 장소이며 하나님은 이를 위해 우리에게 피조 세계, 문화, 창의성과 독창성, 자유라는 선물들을 주셨다. 하지만 콕번은 이 선물들이 지금 뒤틀리고 찢겨져 있음을 본다. 이제는 이 선물들이 우리를 저주하는 현실이 된 것이다. "이제 나는 어떻게 해야 하나?"라는 질문에 후쿠야마는 어떤 답도 주지 못한다.


## 자유민주주의의 음모


지금까지 우리는 후쿠야마를 비판하면서 그가 견지하는 핵심에 초점을 맞춰 왔다. 그러나 논의를 좀더 제대로 하려면 그가 전개하는 논지의 형식 또한 주목해야 한다. 이 시점에서 우리는 "후쿠야마는 무슨 말을 하고 있나?"라는 질문에서 "그는 무엇을 꾀하는가?", "그의 논지는 어떤 형식을 취하는가?", "후쿠야마의 세계에서 이런 종류의 글은 어떤 기능을 수행하는가?"라는 질문으로 바꿔야 한다.

이 질문들을 제대로 이해하려면 피터 버거(Peter Berger)가 쓴 『종교의 사회적 실재』(The Social Reality of Religion)[22]라는 책을 들여다 볼 필요가 있다. 인간의 문화 형성에 대한 버거의 이해는 후쿠야마의 이해보다 더 복잡하고 변증법적이지만 매우 흥미롭다. 피터 버거에게 사회는 (절대 정신의 필연적 표명이 아니라) 사회를 만들어내는 자에게 영향을 끼치는 인간의 산물이다. 다시 말해 우리는 사회를 만들어내고 그 사회는 다시 우리를 만들어낸다. 사회는 세계 건설의 집단적 과정이다. 사회를 구성할 때 우리는 특정한 방식으로 시간, 공간, 관계, 가치의 세계에 질서를 부여한다.

그리고 그 사회, 즉 질서정연한 우주라는 그 특정하며 객관적인 집합체는 의식 자체의 주관적 구조를 형성하는 방식으로 내면화된다.

버거에게 중요한 것은 객관화된 사회구조를 인간의 의식 안으로 내면화하는 이 과정에서 인간이 수동적이고 무기력한 수용자가 아닌 적극적 참여자로 내면화한다는 사실이다. 사회구조와 우리의 의식이나 세계관의 범주, 둘 다에 우리는 책임을 져야 한다. 하지만 인간에게는 역사적으로 조건화된 우주 이해의 범주들을 투사하려는 경향이 있다. 이는 충분히 납득이 가는 대목이다. 왜냐하면 우리의 사고방식은 우리의 특정한 역사적 특이성을 넘어서는 타당성과 합법성을 우리의 세계관에 부여하면서 현실 그 자체와 관계를 맺는다고 가정하고 싶어 하기 때문이다.

버거는 이러한 투사 과정을 우주화(cosmization)—"인간적으로 의미 있는 세상을 그런 세상과 동일시하는 것"[23]—라고 명명한다. 나아가 종교는 우주화의 탁월한 매개라고 말한다. 종교는 "경험적 사회의 불확실한 실재 구조들을 궁극적 실재와 관계시키기 때문에 매우 효과적으로" 한 문화의 특정한 세계관을 합법화한다.[24]

잠시 곁길로 빠져 세계 구성, 사회, 종교에 대한 버거의 이해를 설명하는 이유는 그의 지식사회학의 관점에서 볼 때 후쿠야마가 이 우주화에 관여하고 있다는 것을 보여주기 위해서다. 후쿠야마는 자신의 자유민주주의 사회의 범주들을 우주의 본질 그 자체에 투사하고 있다. 정상적인 사람이라면 누구나 자유주의의 정당성에 이의를 제기하지 않을 것이라고 후쿠야마는 생각한다. 이는 중력에 이의를 제기하는 것만큼이나 쓸데없는 일이기 때문이다! 세계는 그저 그렇게 존재한다는 것이다.

따라서 버거의 표현대로 후쿠야마가 우주화에 관여하고 있는 것이라면 그는 어떤 종류의 논지를 펼치고 있는 것일까? 버거라면 후쿠야마의 논지가 종교적 성격을 띠고 있다고 말할 것이다. 우주화의 한 행위로서 후쿠야마의 논지는 자신이나 그의 독자들에게 종교로서 기능한다고 말이다. 후쿠야마는 종교적인 시각에서 세상을 파악하고 종교적인 관점에서 시대를 분별하고 있다.

그러나 우주화의 이러한 종교적 과정은 그 이상의 결과를 낳는다고 버거는 지적한다. 우주화는 특정한 세계 구성을 그러한 세계의 구조와 관계시킴으로써—우주화의 필요성, 나아가 그것의 상대적 타당성과 무관하게—어떤 세계 구성, 어떤 세계관, 어떤 인간 의식도 언제나 역사적으로 조건화되고 제약받는다는 사실을 망각할 위험을 무릅쓴다. 따라서 그러한 세계 구성은 우주의 궁극적 구조와 완전하고 명백하게 동일시될 수 없다. 그러한 동일시를 콕번은 "우상화된 이데올로기"라고 말하고 버거는 "소외"라고 일컫는다. 소외된 개인은 "자신이 이 세계를 함께 만들었고 지금도 그렇게 하고 있음을 망각한다." 소외된 의식은 비변증법적 의식이다.[25] 게다가 소외된 인간들은 자신들의 외부에 있는 세력들에 의해 그리고 자신들이 직접 하는 세계 구성 활동과 무관하게 숙명적으로 그렇게 할 수밖에 없다는 듯이 자신들이 만들어낸 변두리에서 살게 된다.

이 정도면 후쿠야마에 대해 충분한 설명이 된 것 같다. 자유민주주의 자본주의는 역사의 궁극적 목적지가 아닌 계몽운동의 실험이라는 것을 후쿠야마가 망각했기 때문에 그의 주장은 종교적 의식의 표현일 뿐 아니라 소외된 의식이기도 하다. 아이러니하게도 이것은 운명적인 의식이기도 하다. 의식에 관해서 자유주의가 거둔 승리는 자유의 성취가 아니라 오히려 인간의 의식을 대신하는 의식의 필연적 성취이기 때문이다.

이 아이러니를 깊이 생각해 보자! 시장경제, 정치현실, 국제관계, 자연에 대한 약탈에서 그러한 관점이 함의하는 바가 실제로 역사에서 성취되었다는 것에서 자율적 자유에 대한 자유주의의 관점은 본심을 드러낸다. 이 관점은 또한 후쿠야마가 말하는, 그것에 대한 이상주의적 방어라는 정확히 그 형태로 자멸한다. 거꾸로 표현하자면 우리는 운명적으로 자유를 누리도록 운명지어져 있고, 우상숭배처럼 우리의 자유를 오도하는 것에 의해 우리의 운명이 결정되기도 한다. 어느 쪽이든 실제로 우리는 자유롭지 않다!

이런 것들로 인해 후쿠야마는 매우 위태로운 입장에 처하게 된다. 그는 소일거리로 학문 분야를 들락거리는, 종신 재직이 보장된 그저 그런 교수가 아니기 때문이다. 그는 한때 국무부의 고위 관료로서 정부의 중추적이며 필수불가결한 과제인 미래에 대한 공동의 비전을 돌보고 장려하는 일을 했던 책임적인 인물이다.[26] 다스리고 권력을 행사한다는 것은 미래에 대해 설득력 있고 신뢰할 만한 비전을 제시한다는 뜻이다. 비전 없는 민족이 망하는 것처럼 미래에 대해 일관된 비전이 없는 나라는 무너진다. 1989년 겨울, 동유럽 국가들이 그처럼 맥없이 무너진 주된 이유가 그 때문이었다. 스탈린주의라는 과거에 얽매여 미래에 대한 비전을 제시하지 못했던 그 국가들은 개혁과 새로운 미래에 대한 국민의 요구에 속수무책이었다.

제러미 리프킨(Jeremy Rifkin)은 "미래에 대한 이미지는 현대에서 가장 강력한 사회화 동인(動因)"이라고 말한 바 있다.[27] 그의 말은 어떤 사회에도 적용된다. 국가가 위엄과 성스러움의 태도를 취하는 것은 대체로 그러한 비전을 수호할 뿐 아니라 그것을 보증하기 때문이다. 그렇기 때문에 랭던 길키(Langdon Gilkey)는 정당성에 대한 정부의 최종적인 주장은 "역사적 존재의 가장 심오하면서 절박한 질문들에 대해, 변화하고 있는 인간에 대해 본질적인 답변으로 기능하고, 이에 따라 그러한 변화 가운데서 인간이 자유를 누릴 수 있는 가능성에 대한 근거를 제공하는" 기본 신화와 관련하여 진술된다고 주장했던 것이다.[28]

그렇다면 후쿠야마는 "역사의 종말"이란 논문에서 무엇을 꾀하고 있던 것일까? 그는 신화를 전파하는 사람으로 최근의 역사적 발전이라는 견지에서 신화의 현재 상태에 대해 숙고하고 있다. 성경적 용어로 말하자면, 예언자적 사명을 수행하고 있는 것인데 왜냐하면 지금이 어느 때인지를 이야기하고 공동체를 미래로 이끄는 것이 예언자의 사명이기 때문이다.

## 후쿠야마, 예레미야를 만나다

중대한 변화가 일어나고 있는 우리 시대와 비슷했던 시기를 성경에서 찾는다면 기원전 7세기 말에서(요시아 왕이 죽은 609년부터) 예루살렘이 멸망한 587년까지의 시기가 될 것이다. 이 시기는 북쪽의 앗시리아 제국이 느부갓네살 왕이 통치하는 바벨론 제국으로 갑자기 대체되었던 때로 바벨론 제국은 영토 확장에 주력하고 있었고, 남쪽에서는 이집트가 유다를 바벨론 제국의 압박에 대한 완충장치로 활용하는 외교정책을 세우고 있었다. 한마디로 유다는 매우 난감한 상황에 처해 있었다. 그런 상황에서 예언자는 질문을 던졌다. 작금의 이런 현실은 여호와의 약속과 어떻게 부합하는가? 하나님은 이스라엘이 약속의 땅에 들어가 안전할 것이라고 약속하셨다. 그렇다면 우리의 존재를 위협하는 이 역사적 사실에 대해 우리는 어떻게 생각해야 하는가? 정말 바벨론에 포로로 끌려갈 수도 있는 건 아닌가? 당시 예언자들은 그러한 사건이 일어날 가능성이 있는지 그리고 그 사건이 무엇을 뜻할 수 있는지 전전긍긍하고 있었다.

예레미야의 경우를 살펴보자. 예레미야는 역사의 종말을 선포했다. 그러나 후쿠야마와 달리 그가 선포한 역사는 목표가 성취되었거나 완성되었기 때문에 끝나는 것이 아니라 오히려 상징적 세계 혹은 문화적 신화가 해체될 때 종말을 고하게 될 것이었다. 역사는 공동체에 미래가 없을 때 그리고 공동체를 지탱해온 온갖 신화가 붕괴되었을 때에야 비로서 종말을 고하게 될 것이다. 예레미야가 후쿠야마의 주장에 동의하는 것이 하나 있다면 그것은 역사 인식이 정치적·군사적·경제적 현실의 변화를 세속적 차원에서 고찰하는 단계를 넘어서야 한다는 것뿐이다.

사회주의가 붕괴한 것은 그저 식량 배급이 제대로 되지 않았거나, 임금이 턱없이 낮아서가 아니었다. 사회주의가 몰락한 진짜 이유는 후쿠야마의 주장대로 세계관의 붕괴, 이데올로기의 붕괴 때문이었다. 예레미야 또한 역사는 그저 지정학적 위기 때문에 오는 것이 아니라고 주장한다. 임박한 군사적 위협들은 이보다 훨씬 더 큰 본질적인 위기—예루살렘에서의 상징의 세계와 이교적 왕정 체제의 위기—가 일어날 조짐일 뿐이다.

느부갓네살의 침략은 다름 아닌 유다에 임박한 하나님의 심판이라는 섬뜩한 소식을 예레미야는 전한다. 실제로 느부갓네살은 심판을 집행하기 위해 부름을 받은 여호와의 종이었다. 예레미야서 1장에서 여호와는 유다를 응징하기 위해 바벨론을 사용할 것이며, 예레미야를 "뽑고 파괴하며 파멸하고 넘어뜨리며 건설하고 심게" 하도록 자신의 예언자로 불렀다고 말씀하신다. 여호와가 유다를 거스르듯 예레미야 또한 유다의 왕들, 왕자들, 제사장들, 및 백성들을 거스를 것이다(1:17-19).

이 시점에서 예레미야와 후쿠야마 사이에 유사점은 전혀 찾아볼 수가 없다. 후쿠야마가 왕(대통령)을 위해 일한다는 것은 주지의 사실이다. 그는 현대판 왕궁의 예언자다. 왕에게 참을 수 없는 게 하나 있다면, 그것은 왕의 시대가 막을 내렸고, 왕의 때가 끝났으며, 영원하지 않다는 이야기를 듣는 일일 것이다. 그렇다면 역사가 막을 내릴 때 왕궁의 예언자들인 관료들은 무슨 말을 해야 하는가? 역사-문화 시대의 종언, 자신들이 몸담고 있는 제국의 쇠퇴 그리고 그 제국을 합법화하고 이끌게 해주었던 신화의 붕괴를 어떻게 해석해야 하는가? 그들은 그것을 은폐한다. 그들은 왕, 왕자, 대통령, 수상을 보호하기 위해—실로 눈앞의 끔찍한 현실로부터 자신들을 보호하기 위해—신화적이며 문화적으로 모호한 이야기를 들먹거린다.[29]

역사가 종말을 고할 때—그것이 기원전 587년 군주제와 성전으로 대표되는 유다의 파멸이든, 오늘날 끊임없이 확대되는 소비 사회에서 진보에 대한 계몽주의의 꿈이 사라지는 것이든—문화는 통제력을 상실하게 된다. 문화적 불균형이 시작되고 역사 체험은 급진적으로 단절된다. 제국의 통치자들이 무슨 수를 쓰더라도—진리를 희생시키고 현실을 회피해서라도—유지해야 하는 것이 있다면 그것은 통제, 균형, 연속성이다. 정부로부터 녹을 받아 먹고사는 예언자들이 바로 이것을 제공해준다.

예레미야가 왕궁의 제사장들, 예언자들과 겪는 갈등에 대해 월터 브루그만은 이렇게 논평한다.

예레미야의 동시대인들은 인간의 현실을 슬로건으로 은폐하는, 연속성과 행복 이데올로기에 사로잡혀 있었다. 왕궁이 후원하고 성전이 축복하는 그 이데올로기의 힘은 막강하다. 따라서 이 이데올로기 앞에서 모든 것은 힘을 잃는다. 그처럼 막강한 연합 앞에 예레미야가 서 있는 것이다. 무기라고는 자신의 슬픔을 실연(實演)할,

성공의 슬로건들에 맞선 현실의 비통함을 언어로 표출하는 시(詩)
만을 갖고 말이다.[30]

후쿠야마는 연속과 행복의 이데올로기를 전파하는 예언자
다. 그는 자유민주주의라는 성공의 슬로건으로 인간의 현실을
은폐한다. 그러나 그러한 슬로건은 브루스 콕번에게서 쓸모없는
것으로 폭로된다.

> 당신은 말해줄 수 있는가
> 얼마나 더 피를 흘려야 하는지
> 단어 하나를 의미로 채우기 위해
> 얼마나 많은, 얼마나 많은 죽음이 필요한지
> 구호 하나에 숨을 불어넣기 위해
> 얼마나 많은, 얼마나 많은, 얼마나 많은 불꽃이 필요한지
> 이름 하나를 밝히기 위해
> 공허한 어둠을 위해
> 나라들이 얼마나 그것들로 치장하는지[31]

그 슬로건이 계급 없는 사회를 만들겠다는 사회주의자의 거
짓말이든, 경제를 번영시키겠다는 자본주의자의 거짓말이든 상
관없다. 둘 다 거짓말이기 때문이다. 그것들은 고통과 억압의 현
실을 은폐할 뿐이다.
종결은 삶의 종말, 역사의 종말, 안정된 삶의 종말, 공산주의

의 종말, 성장에 집착하고 자본주의의 종말과 관련되어 있고 이 모든 것은 비탄으로 종결된다. 지금은 장례를 치를 때다. 지금은 슬퍼하며 울 때다. 지금은 회개할 때다.

하지만 왕과 수상들 그리고 대통령은 통곡하지 않는다. 안전하다고 확신하는 관료들은 결코 울지 않는다. 오히려 그들은 자축한다. 이 예루살렘의 예언자들은 연속, 안정, 현재의 성공을 부르짖었다. 예레미야의 말을 들어보자.

> 그들은 가장 작은 자로부터 큰 자까지 다 욕심내며
> 선지자로부터 제사장까지 다 거짓을 행함이라.
> 그들이 딸 내 백성의 상처를 가볍게 여기면서
> 말하기를 '평강하다 평강하다' 하나 평강이 없도다.
> 그들이 가증한 일을 행할 때에 부끄러워하였느냐?
> 아니라, 조금도 부끄러워하지 않을 뿐 아니라
> 얼굴도 붉어지지 아니하였느니라.
> 그러므로 그들이 엎드러질 자와 함께 엎드러질 것이라.
> 내가 그들을 벌할 때에 그들이 거꾸러지리라.
> 여호와의 말씀이니라(8:10-12).

모든 게 잘 될 것이다. 잘 될 것이다, 잘 될 것이다!(7:4) 어떤 위협도 없을 것이다. 신화의 구조들(헌법, 민주적 선거들, 시장 체제, 대학들, 쇼핑몰 등)은 모두 온전할 것이다. 어떤 변화도 없을 것이다! 걱정하지 말라! 가서 편안히 누워라!

거짓 예언이 하는 일이 바로 이것이다. 그 예언은 당신을 잠으로 초대한다. 이제 그 일을 후쿠야마, 조지 부시 등이 우리의 사회·역사적 고뇌와 고통에 무감각하게 만드는, 평화에 대한 거짓 예언으로 우리를 잠들게 하고 있다.

영적 불감증에 걸린 이들은 수치심으로 얼굴 붉히지 않는다. 아니 조직적으로 수치심을 부인하고 억제하려고 한다. 수치심을 느끼기라도 했다가는 자신들의 은폐를 더 이상 유지할 수 없기 때문이다. 앞 장에서 말했듯이 역사를 부인하면 무감각, 동정심의 결여―무관심―및 열정 혹은 긍휼의 부재를 낳는다. 거짓 예언자들은 시대를 분별하지 못한다. 후쿠야마는 지금이 역사의 종말이라고 말하지만 그는 종말을 알지도 못한다. 조금 슬퍼하거나 따분해할 수도 있고 어쩌면 우리 편과 저쪽 편을 구분하는 것을 즐겼던 냉전 시대를 그리워할지도 모른다. 하지만 그는 결코 애통해하지도 비탄에 잠기지도 않는다.

그러나 예레미야는 자기 자신을 추스르지도 못할 정도로 슬픔에 겨워 애통해한다. 그는 여호와의 말씀을 들었고 시대의 흐름을 정확히 꿰뚫는다.

네 상처는 고칠 수 없고 네 부상은 중하도다.
네 송사를 처리할 재판관이 없고,
네 상처에는 약도 없고, 처방도 없도다(30:12-13).

눈물의 예언자 예레미야는 알고 있다.

추수할 때가 지나고, 여름이 다하였으나,

우리는 구원을 얻지 못한다.


그렇기에, 다음과 같이 토로한다.


내 백성이 상하였으므로,

나도 상하여

슬퍼하며 놀라움에 잡혔도다(8:20-21).


어찌하면 내 머리는 물이 되고

내 눈은 눈물 근원이 될꼬!

죽임을 당한 딸 내 백성을 위하여

주야로 울리로다(9:1).


다시, 우리 시대의 예레미야인 콕번은 말한다.


당신과 나, 우리는 부서진 바퀴의 깨진 틈.

상처에서는 피가 나지만 치유할 길이 없네

주여,

우리 눈에 침을 뱉으사 우리로 알게 하소서

이 비극을 떨치고 일어서는 법을![32]


콕번과 예레미야는 지금이 어느 때인지를 알고 있다. 지금은 울부짖을 때다. 지금은 슬퍼할 때다. 지금은 탄식할 때다. 그리고 그들이 다시 건설하고 다시 시작할 수 있는 것은 역사의 종말로 인한 전율을 이처럼 껴안으려는 의지―기꺼이 슬퍼하고 울부짖으며, 실제로 뽑고 파괴하며 파멸하고 넘어뜨리려는 의지―를 갖고 있기 때문이다.

성경의 역사관, 실로 성경적 신앙의 구조는 급진적인 역전의 역사관이다. 종결은 결코 마지막 단어가 아니다. 역사적 종결은 언제나 새로운 시작을 낳는다. 장례식은 축제가 되고, 죽음은 부활로 이어진다. 그러나 끔찍한 종결들, 애도하는 장례식, 그리고 폭력적 죽음이라는 현실이 전제되지 않는다면 새로운 시작과 축제 그리고 부활은 결코 존재하지 않는다. "고뇌는 역사적 존재가 되는 길이며, 종결을 껴안음으로써 새로운 시작이 가능케 된다"고 성경은 말한다.[33] 예언자의 사명이란 고통과 비탄을 공개적으로 표출함으로써, 포만감에 취해 역사를 외면하는 자들의 안이해진 거짓 안전을 분쇄하는 것이다. 이것이 나사렛 예수의 삶과 가르침의 핵심이었다. 그분은 말했다. "지금 우는 자는 복이 있나니, 너희가 웃을 것임이요" 그리고 "화 있을 진저 너희 지금 웃는 자여, 너희가 애통하며 울리로다"(눅 6:21, 25).

"애통할 때만 새롭게 될 수 있다"[34]는 월터 브루그만의 말은 이를 제대로 요약하고 있다. 새로운 것을 원하지 않는 자들은 애통하는 것을 두려워한다. 그들은 자신에게 애통하지 않는다고 말하며 다른 사람들이 애통하지 못하게 만든다. 하지만 애통하고, 슬퍼하며, 눈물을 흘리는 것은 무기력한 묵종을 의미하는 것이 아니다. 그것은 새롭게 하는 일이다. 그렇다! 그들에게 닫혀 있는 역사로 인해 침묵해 왔던 힘없는 자들은 "잘 될 것이다, 잘 될 것이다"라는 옛 질서에 사로잡혀 왔지만 애통과 슬픔 그리고 울부짖음은 현 질서에 대한 통렬한 비판을 가능하게 만든다. 그러한 애통은 거짓된 예언자적 은폐를 거부하고 망가짐, 억압, 무너진 기대 그리고 현재의 공허한 약속과 맞닥뜨리게 만들기 때문이다.

예언자의 그러한 눈물은 이 세대의 정사와 권세를 무너뜨리며, 억압적이고 거짓된 통치를 하는 자들에게 반기를 들게 만든다. 역사에 좌절한 우리는 브루스 콕번과 더불어 이렇게 묻는다.

그런데 어째서 역사는 그처럼 오랜, 오랜 시간을 필요로 하는가
당신은 지금 기적을 기다리고 있는데[35]

예언자는 현실에 대한 좌절뿐 아니라 미래에 대한 기대 때문에 애통한다. 애통은 새롭게 되는 것을 가능케 할 뿐 아니라, 새롭게 될 것으로 예견하면서 그 소망에 뿌리를 내리고 있기 때문이다.

그리스도인의 예언자적 비전은 슬픔일 뿐 아니라 현재의 역사의 종결에 대해 크게 애통하는 것이다. 그러나 그것은 이 종결이 최종적인 것이 아니며 새로운 미래가 다가올 것이라는 소망 가운데서 존재한다. 이 새로운 미래는 우리의 자율적인 역사적 문화 만들기의 산물이 아니라 하나님이 주시는 자유라는 선물—

우리가 기다려야 할 기적―이기 때문이다. 그렇다고 뒷짐을 지고 기다려서는 안 된다. 우리는 눈물을 흘리면서 하나님 나라의 동역자로서 기다려야 한다. 이런 이유로 우리는 브루스 콕번과 함께 다음과 같이 노래한다.

세상이 우리에게 가하는 고통 때문에
주여, 우리가 배신하게 않게 하소서.
하나님, 당신의 자녀들을 그날에 대한 비전으로 축복하소서.[36]

# 역사의 종말에 선 기독교의 소망

**4**

## 웃음거리가 된 성자들

책을 시작하면서 나는 현대세계에서의 기독교의 특징이 이 세상 질서를 뒤엎는 것이라고 주장했다. 그리고 앞의 세 장에서 줄곧 나의 주장이 옳은지 여부를 두 예언자의 통찰에 의존해 탐색해 왔다. 두 예언자 중 한 사람은 우리와 동시대인이었고 다른 한 사람은 꽤 오래전의 인물이었다. 바로 브루스 콕번과 예레미야였다. 이 두 사람은 세상의 질서를 뒤엎는 시인들이었다. 이 말은 콕번이 예레미야처럼 성자의 반열에 들기에 합당한 사람이라는 뜻이 아니라 사회와 역사를 대하는 콕번과 예레미야의 태도가 매우 유사하다는 뜻이다. 이 두 사람은 역사에 개입하시는 하나님의 방식에 뿌리박고 있는 관점에 입각해 위험한 시대를 다루었다. 그리고 예레미야와 콕번, 두 사람 모두 역사의 급진적 역전을 선포했다.

3장 말미에서 나는 콕번이 "기적을 기다리며"라는 노래에서 던진 슬픈 질문을 인용하였다.

그런데 어째서 역사는 그처럼 긴 시간을 필요로 하는가

당신이 기적을 기다리고 있는데[1]

그런데 이 노래에는 콕번과 예레미야 사이에 직접적인 관련이 있는 것처럼 보이는 시구가 있다. 바로 노래의 첫 연이다.

땡볕 아래에서 일하고 있는 이들을 보라

웃음거리가 된 성자들과 낙오자들

일하면서 밤이 오기를 기다린다

그리고 기적을 기다린다

특히, 예레미야를 연상하게 하는 시구는 바로 "웃음거리가 된 성자들"인데 웃음거리가 된 성자란 발에 "차꼬"—즉 고통과 모멸감을 주기 위한 감금 장치—를 찬 성자를 말한다. 콕번은 억압에 시달리며 일하는 사람들을 떠올리기 위해 은유를 사용한 것이다. 성경에서 차꼬를 찼던 사람, 즉 "웃음거리가 된 성자들"은 딱 세 사람이 있다. 바울과 실라 그리고 예레미야다. 예레미야를 살펴보기 전에 먼저 바울과 실라 이야기를 짧게 살펴보자.

바울과 실라는 빌립보에서 전도했으나 뚜렷한 성과를 내지 못하고 있었다. 그러던 중에 귀신 들려 점치는 한 여종을 만나게 된다. 이 여종은 밤낮으로 바울과 실라를 따라다니면서 큰소리로 "이 사람들은 가장 높으신 하나님의 종들로, 여러분에게 구원의 길을 선포하고 있다"(행 16:17)라고 외치며 사역을 방해했다. 참다못한 바울이 여종에게서 귀신을 내쫓았다. 문제는 이로 인해 여종의 주인이 돈벌이 할 길이 막혔다는 점이다. 주인은 그 동안 여종의 점치는 능력으로 부를 축적했는데 이 일로 경제적 손실을 입었던 것이다. 그래서 주인은 바울과 실라를 경제 사범으로 기소하기 위해 광장으로 데려가 두 사람이 성을 소란케 하고 로마 시민들이 받아들일 수 없는 관습을 전하고 있다고 비난했다. 즉 바울과 실라가 로마의 평화(Pax Romana)를 무너뜨리고 있다고 말이다. 여기서 중요한 것은 그들이 사람들의 경제에 피해를 입혔다는 사실이다. 그 결과 바울과 실라는 옷이 찢기고 매를 맞고 심한 채찍질을 당한 후 감옥에 갇혀 발목에 차꼬가 채워졌다. 웃음거리가 된 것이다![2]

예레미야도 두 사람과 비슷하다. 차꼬를 채운 사람이 유대교를 믿지 않는 로마 사람이 아니라 언약 공동체의 동료들이라는 점만 빼고 말이다. 예레미야의 죄목은 역사의 종말을 선포했다는 것이다. 예루살렘과 유다의 왕국·성전 이데올로기의 역사가 바벨론 사람들의 손에 의해 급작스러우면서도 끔찍한 종말을 맞이하게 될 것이라는 예레미야의 예언에 성전의 총감독—바스홀이라는 제사장—은 격노하여 그를 때리고 발에 차꼬를 채웠다(렘 20:1-2). 바스홀은 성전 체제를 대표한다. 그는 성전 체제를 합법화하고 공고히 하기 위해 "여호와의 성전이라, 여호와의 성전이라, 여호와의 성전이라"(렘 7:4)라고 외쳤던 성직자 중 한 사람이었다. 예레미야는 이 이데올로기에 아랑곳하지 않고 오롯이 예언을 선포했다. 그러한 자축(自祝)의 언어는 완전히 거짓 예언일 뿐이라고 선언한 것이다. 그러자 성전 이데올로기의 수호자인 바스훌은 공개 태형과 차꼬를 채우는 것으로 재빨리 예레미야의 문제를 처리한다. 웃음거리가 된 또 다른 성자. 입에 재갈을 물려야 하는 또 다른 위험인물. 하지만 조롱거리가 된 이 성자는 겁을 먹지도 뉘우치지도 않는다. 다음날 풀려나자마자 예레미야는 바스훌의 이름을 "사방으로 두려움"을 뜻하는 마골밋사빕으로 비꼬아 부르고 여호와의 심판이 임박했다는 예언을 되풀이한다. 샬롬이 임해야 할 성전의 대리인 바스훌에게 역사의 종말의 전조가 되는 두려움을 예언하는 이름이 주어진 것이다.


### 다시 찾은 예레미야

우리 시대는 예레미야의 시대를 전적으로 빼닮았다.[3] 역사적 삶이 위기에 처했다는 예레미야의 진단에 충분히 공감할 만한 시대인 것이다. 그러므로 우리가 이러한 위기 가운데 소망, 값싼 소망이 아니라 고통, 냉담, 영적 불감증에 걸린 문화에 길들여지는 것을 철저하게 배격하는 소망을 품고 살고자 한다면 우리에게 그러한 소망을 줄 수 있는 사람도 예레미야 같은 사람일 것이다. 하지만 예레미야에게서 어떤 특정한 소망의 순간을 살펴보기 전에, 앞 장에서 제시한 것보다 조금 더 자세히 이 예언자에 대해 먼저 알아보자.[4]

예레미야가 "웃음거리가 된 성자"가 된 것은 예수처럼 그가 예언자로서 역사의 반전이라는 충격적인 소식을 전했기 때문이다. 복 받은 자들이 저주를 체험하고 샬롬을 전해야 할 자들이 도리어 공포의 화신이 되며 안전한 것이 전복된다. 자신이 전하는 바로 그 메시지로 인해 예레미야는 예루살렘의 지도자들과 정면으로 충돌한다. 그는 "뽑고 파괴하며 파멸하고 넘어뜨린" 후에야 비로소 "건설하고 심으라"는 부름을 받는다(렘 1:10). 예레미야는 "이 나라의 모든 사람, 곧 유다의 왕들과 관리들에게 맞서고, 제사장들에게 맞서고, 이 땅의 백성에게 맞서"라는 명령을 받는다 (1:18). 소망을 전하는 말과 행동, 건설하고 세우겠다는 말과 행동이 그처럼 위력을 지니는 것은 정확히 이 심판 사역을 그가 열정적으로 구체화했기 때문이다.

예레미야가 당대의 여러 왕들 그리고 성전에서 사역하는 사람들과 충돌하게 된 발단은 다음과 같은 질문 때문이었다. 다윗의 언약은 정말 신성한 권리를 지닌 언약인가? 여호와가 이스라엘과 맺은 언약은 성전에 길들여진 하나님이 언제까지나 왕을 지지할 것이므로 그 왕은 자신의 자리가 안전하다고 생각할 수 있는 정말 그런 언약인가? 예루살렘의 위계체제는 이것이 사실이라고 전제하고 있었고 그런 이유로 그들은 "평강하다, 평강하다"라고 외쳤던 것이다. 이에 대한 예레미야의 반응은 직설적이었고 단호했다. 여호와는 왕을 후원하는 분이 아니시다! 왕의 안위를 위해 존재하는 분이 아니시다. 여호와가 이제는 왕의 적이 되셨다!

언약에 대한 이 상반된 해석은 역사를 어떻게 분별하느냐 하는 질문에 즉각 영향을 미친다. 예레미야의 시대는 지정학적으로 엄청난 변동이 일어나던 시기였다. 예레미야는 자신이 사역하는 동안 앗시리아와 니느웨 두 왕국이 몰락하고 이집트가 주변으로 밀려나는 것을 보았다. 그리고 "잔인하고 도도한 바벨론이 새로운 세력으로 떠올라 그 앞에서 천하가 벌벌 떠는"[5] 것을 목도하였다. 성전 예언자들은 바벨론의 부상(浮上)이 유다의 종말을 초래하리라고는 전혀 상상하지 못했다. 역사가 정말로 그런 식으로 전개된다면 이스라엘 사회의 종교적 기반 자체가 허물어질 터였기 때문이다. 하지만 예레미야는 정확히 이것을 선포했다. 느부갓네살이 이끄는 사악하고 잔인한 바벨론 제국은 하나님의 (심판하는) 손이다. 느부갓네살은 여호와의 종이다. (유다의 멸망은) "상상할 수 없는" 일이라고 예루살렘 지배층은 말하지만 예레미야는 (그러한 선포는) "반역!"이라고 왕궁에서 소리친다. 그는 이제 정국을 혼란케 하는 자가 된 것이다.

예레미야의 전복 행위는 한낱 주변 정세의 전개에 대해 의견을 달리하는 문제가 아니다. 예레미야는 뉴스에 출연해 전문가로서 그저 다른 견해를 제시하는 정도의 사람이 아니다. 그의 전복 행위는 이보다 훨씬 더 심각한 것이었다. 예레미야의 선포는 상상할 수 없는 것을 상상하는 선포였다. 그는 상상력 넘치는 시적(poetic) 사역을 통해 백성들로 하여금 그들 자신의 죄와 고통에 무감각하게 만드는 지배적이며 거만한 세계관을 뒤엎는다.

질서를 뒤엎는 이 예언은 두 가지 방식으로 사람들의 무감각을 일깨운다. 첫째, 그것은 불가능하고 상상할 수 없는 역전의 방식으로 하나님의 역사 개입을 일깨운다. 예레미야의 선포가 얼마나 급진적이었는지를 알려면 1991년 1월 13일(미국이 이라크 전쟁을 일으키기 바로 전) 당신이 출석하는 교회의 목사가 다음과 같이 선포했을 때를 상상하면 된다. "주께서 말씀하시기를, '너희가 여호와의 길에서 떠났고, 너희를 향한 나의 신실함을 잊어버렸고, 너희의 힘과 특권을 이용해 억압과 착취를 했고, 경제 성장이라는 신과 교접했기 때문에 나는 너희를 치고 너희를 사담 후세인의 노예로 삼기 위해 그를 내 종으로 세웠다. 그리고 너희 대통령 부시와 이를 동조하는 모든 권력들은 권좌에서 쫓겨나 남은 생을 바그다드 교도소의 독방에서 힘겹게 보낼 것이다.'" 만일 이런 설교를 들었다면 당신은 어떻게 반응했겠는가? 경찰청과 FBI 같은 기관들이라면 분명 당신의 목사를 위험 인물로 분류할 것이고 당신은 교회 장로들을 소집하고, 교단의 관계자들과 접촉해, '이성을 잃은' 게 분명한 당신의 목사를 처리할 방도를 찾아내려고 할 것이다.

이스라엘이 당시 예레미야에게서 들은 메시지는 이 목사의 설교보다도 '별나고' 급진적이며, 그 수위가 훨씬 높은 것이었다. 그 당시 지배적 세계관에 의하면 보좌에 앉은 왕은 안전했고 하나님은 자신의 성전에 길들어 있을 뿐 아니라 왕정·성전 체제 또한 세계의 중심으로 인식되고 있었다. 당시의 신화 구조 안에서 세계의 중심에 분명 하나님이 거하셨고 그 중심에 성전이 있었다. 또한 성전은 왕궁 옆에 있었고 성전과 왕궁은 모두 예루살렘에 있었다. 그리고 예루살렘 너머에 유다가 있었고 유다 너머에 세상의 나머지가 있었다. 한가운데에 성전을 중심으로 모든 것이 동심원으로 기능하고 있던 것이다. 즉 성전이 세계의 중심이었다. 만일 예레미야가 예이츠의 시 "재림"에 나오는 시구를 알았더라면 그는 틀림없이 그 시구—"중심은 견뎌내지 못한다"—를 인용했을 것이다. 세계의 중심은 몰락할 것이다. 하나님이 그것을 버리셨기 때문이다!

여호와는 말씀하신다. "너희는 내가 성전에 대해 무슨 생각을 하는지 알고 싶으냐? 그렇다면 내가 실로에게 무슨 일을 했는지 봐라!"(렘 7:14). 실로는 북 왕국 이스라엘에 있는 하나님의 처소로 불순종으로 인해 기원전 1050년에 블레셋에 의해 파멸된 곳이다. 브루그만은 실로의 파멸에 대한 이 역사적 회상에 대해 이렇게 평한다.

이 기억은…북쪽의 실로와 남쪽의 예루살렘이 정반대라는, 유다 왕실의 이론적 근거와 자기 이해의 일부분으로…예레미야는 이와 같은 자기이익을 도모하는 이데올로기적 대비를 강하게 거절하며, 예루살렘이 실로를 빼닮았다고 주장한다. 자신이 살아남으려면 순종해야 한다는 점에서 그리고 철저하게 불순종한다는 점에서 당시 예루살렘은 실로를 빼닮았다. 그런즉 파멸되어 마땅하다는 점에서

도 실로를 그대로 빼닮은 것이다.[6]

이는 있을 수 없는 선포다. 아니, 있어서는 안 되는 선포다. 아직 당신이 이 예언의 말씀이 지닌 급진적 성격을 제대로 이해하지 못했다면 이를 제대로 이해하기 위해 이와 비슷한 사례를 살펴보는 게 좋을 것 같다. 이라크 전쟁이 끝난 후 당신이 다니는 교회의 목사가 설교 중에 이런 말을 했다고 가정해 보자. "1991년 겨울, 바그다드가 어떻게 완전 쑥대밭 됐는지, 여러분은 보셨습니다. 자, 앞으로 워싱턴과 이 전쟁에 동참했던 나라의 수도도 그렇게 될 겁니다!" 그러나 우리는 너무 무감각하고 편한 것에 길들어서 그런 가능성에 대해서는 아예 생각을 하지 않고 있다.

그러나 예레미야는 문화에 길들어 정신을 잃고 있는 우리의 의식을 깨울 무기를 가지고 있었다. 그는 소리 높여, 비탄에 잠겨, 가슴을 치며, 슬픔을 주체하지 못해 통곡하면서 우리를 잠에서 깨운다. 예레미야는 울부짖는다. 이로 인해 우리는 다시 앞 장의 애도라는 주제로 돌아간다. 예레미야는 눈물의 선지자였다. 정서적으로 약해서가 아니라 눈물을 흘리시는 하나님의 예언자였기 때문이다. 성전이 파괴되고 하나님이 성전을 떠나시면서 모든 것이 상실되었음을 예레미야는 알았다. 모든 것이 사라져버렸다. 이에 대한 적절한 반응은 눈물뿐이다. 이 특별한 문화적 현실에 대한 오래전부터 분명히 드러났던 여호와의 신실함이 이제 사라진 것이다. 역사, 적어도 우리의 역사가 막을 내린 것이다.

예레미야에게 그러한 종결은 약속의 땅에서 그 삶이 끝나는 것에서 명백히 나타난다. 약속의 땅에 사는 사람들이 그 땅을 빼앗기고 거기서 추방되어 포로생활을 하게 될 때 역사는 끝난다. 이러한 연관은 실타래처럼 얽혀 있다. 언약 백성의 정체성이 약속의 땅에서의 그들의 위치와 관계가 있을 뿐 아니라—비록 그것이 중요하지만—더 근본적으로는 언약의 효력이 약속의 땅의 백성과 그 땅 자체에도 미치기 때문이다. 모든 언약은 하나님이 피조 세계 전체와 맺으신 언약 관계에 뿌리박고 있다. 그리고 (1장에서 보았듯이)하나님의 형상을 간직하도록 위임받은 사람들이 여호와와 맺은 언약을 깰 때 그 유산은 "역겨운"(2:7) 것이 되고 만다.

네가 음란과 행악으로 이 땅을 더럽혔도다.
그러므로 단비가 그쳤고 늦은 비가 없어졌느니라(3:2-3).

이 말씀은 매우 분명한 역설을 보여 준다. 풍요의 신들에게 들러붙어 이 신들을 통해 약속의 땅을 관리하고 다스리고자 했지만 나타난 결과는 정반대다. 땅이 더럽혀지고 비가 그친 것이다. 풍요와는 거리가 멀게 말이다.

예레미야의 한탄은 약속의 땅의 백성들뿐 아니라 그 땅과 피조 세계 전체와의 결속을 위한 것이기도 하다. 약속의 땅을 위해, 약속의 땅과 함께 슬퍼하는 예레미야를 보라.

내가 땅을 본즉,
혼돈하고 공허하며[7]

하늘에는 빛이 없으며

내가 산들을 본즉,

다 진동하며

작은 산들도 요동하며

내가 본즉,

사람이 없으며

공중의 새가 다 날아갔으며

내가 본즉,

좋은 땅이 황무지가 되었으며

그 모든 성읍이

여호와의 앞 그의 맹렬한 진노 앞에 무너졌으니


여호와께서 이와 같이 말씀하시길,


이 온 땅이 황폐할 것이나

내가 진멸하지는 아니할 것이며

이로 말미암아 땅이 슬퍼할 것이며

위의 하늘이 어두울 것이라.

내가 이미 말하였으며 작정하였고

후회하지 아니하였은즉

또한 거기서 돌이키지 아니하리라(4:23-28).


언제까지 이 땅이 슬퍼하며

4. 역사의 종말에 선 기독교의 소망

109

온 지방의 채소가 마르리이까?

짐승과 새들도 멸절하게 되었사오니

이는 이 땅 주민이 악하여(12:4).


이 땅에 간음하는 자가 가득하도다.

저주로 말미암아 땅이 슬퍼하며

광야의 초장들이 마르나니(23:10).


유다가 슬퍼하며

성문의 무리가 피곤하여 땅 위에서 애통하니

예루살렘의 부르짖음이 위로 오르도다.

귀인들은 자기 사환들을 보내어 물을 얻으려 하였으나

그들이 우물에 갔어도

물을 얻지 못하여 빈 그릇으로 돌아오니

부끄럽고 근심하여

그들의 머리를 가리며

땅에 비가 없어 지면이 갈라지니

밭가는 자가 부끄러워서 그의 머리를 가리는도다.

들의 암사슴은

새끼를 낳아도 풀이 없으므로 내버리며

들 나귀들은 벗은 산 위에 서서

승냥이 같이 헐떡이며

풀이 없으므로 눈이 흐려지는도다(14:2-6).

땅이여 땅이여 땅이여

여호와의 말을 들을 지니라!(22:29)


예레미야는 여기서 완전히 파괴된 생태계의 모습을 묘사한
다. 그것은 '창조질서의 파괴'에 다름 아니다. 암사슴이 새끼를 내
버리고, 들나귀가 풀이 없어 눈이 흐려지며, 들짐승과 날짐승 그
리고 사람이 사라진다는 예레미야의 묘사를 읽을 때 마음이 찢
어지지 않는가! 자신을 지으신 분에게 기쁨과 찬양으로 화답해
야 할 피조 세계가 슬픔에 잠겨 있다. 예레미야는 바로 그 피조
세계와 함께, 생명을 부정하는 우상을 섬기면서 자행했던 피조
세계의 파괴에 대해 우리가 애통하는 것처럼 애통하고 있는 것
이다.

그러나 예레미야는 창조질서의 파괴와 그에 따른 추방이라
는 이 과정으로 인해 결코 놀라지 않는다. 이스라엘의 언약 전통
에 깊이 뿌리박은 예언자로서 그는 약속의 땅에서의 삶이 그 언
약의 정황에서 유리되고, 삶이 창조주-구속자의 선물이 아닌 소
유물로 여겨질 때 어떤 일이 일어날지 알고 있던 것이다. 또한 거
짓 신들을 섬김으로써 땅을 더럽히면 그 땅이 우상을 숭배하는
거주민들을 토해 낼 것이라는 사실도 분명히 알고 있었다.[8] 이스
라엘은 피조 세계가 뱉어낸 토사물이 될 것이다! 그리고 오늘날
우리도 그렇게 될 것이다.

언약이 약속의 땅과 실타래처럼 얽혀 있다면, 그리고 예레미
야의 탄식이 그 땅과 결부되어 있다면, 이 상황을 감당할 수 있

을 만한 소망─이 울부짖음을 웃음으로(십자가를 부활로) 바꿀 수 있는 변혁─은 반드시 그 땅을 향한 소망을 반드시 포함하고 있어야 한다. 이 피조 세계에서의 삶과 아무런 상관없는 천국 소망이란 것이 무슨 소용이란 말인가!⁹⁾ 예레미야 32장은 놀랍게도 이 예언자가 이 작은 땅에서 바로 그 소망을 발견했다는 사실을 우리에게 보여준다.


## 역사의 종말에서의 소망


상상해 보라. 지금 당신은 시가전이 한참인 교전지대에 있다. 도시는 적에 의해 완전히 포위되었고 당신은 적에 동조했다는 이유, 즉 반역죄라는 죄명으로 투옥되었다. 그런데 당신의 사촌이 감옥으로 면회를 와서 가족 명의의 부동산 일부를 당신에게 팔겠다고 한다. 그것도 적진에 있는 땅을 말이다. 이것이 제대로 된 거래인가? 아니다. 상식이 있는 사람이라면 이런 말도 안 되는 거래를 하지 않을 것이다. 하지만 기원전 588~587년 사이에 예레미야는 정확히 이와 비슷한 상황에 처해 있었고 예레미야는 그 땅을 샀다(렘 32장 참고).

이 실제 이야기는 섬뜩하다. 우리 문화가 위기에 처해 있다고 생각하는 사람들은 삶에 힘을 실어줄 소망에 대한 어떤 근거도 찾기 힘들다는 것을 피부로 느끼고 있기 때문이다. "평강하다, 평강하다"라고 말하는 자들의 무감각은 "화로다, 화로다"라고 말하는 자들의 냉소와 마비와 대비되지만 예레미야 32장은 이러한 냉소와 마비를 정확히 비껴간다.[10] 만일 충분한 이유로 낙심하여 무기력해질 수밖에 없는 사람이 있다면 그 사람은 바로 예레미야일 것이다. 예레미야는 자신의 예언들이 성취되었다고 해서 기뻐하지 않는다. 여호와가 느부갓네살을 자신의 종으로 택하신 것은 그렇다치고, 바벨론 군대가 약속의 땅을 침략해 자신의 동족을 잔인하게 핍박하는 것을 보는 예레미야의 마음이 편할 리 없다. 그런데 지금 예레미야는 바벨론을 편든 배신자라는 이유로 감옥에 갇혀 있다. 그런 상황에 처한 사람에게 무슨 소망이 있겠는가? 그러나 이 이야기에 따르면 예레미야는 상식에서 벗어난 것에서 소망을 발견한다.

예레미야의 사촌 하나멜이 땅을 팔기 위해 예레미야에게 감옥으로 면회를 왔을 때 사리분별력이 있는 사람이라면 그 거래를 거절해야 마땅했을 것이다. 아나돗에는 예레미야의 가문이 물려받은 유산의 일부인 밭이 있었는데 하나멜이 그 밭을 팔고 싶어 한 것이다. 그가 밭을 팔고 싶어 하는 것도 무리가 아니다. 지금 상황에서 그 밭은 아무런 쓸모가 없었기 때문이다. 적진의 손아귀에 밭이 있지 않은가! 그 밭을 경작할 어떤 방법도 없다. 설령 경작한다 하더라도 바벨론 병사들이 수확물을 그냥 가져갈 것이 뻔하다. 아니 바벨론 군대는 땅에 대한 소유권을 인정해 주지도 않았을 것이다. 그래서 하나멜은 그 밭을 팔아버리고 싶어 한 것이다. 하지만 이스라엘에서는 먼저 친척에게 자신의 유산을 팔아야 할 권리가 있었다. 이는 땅을 시장에 내놓을 경우 투기

꾼들이 매입해 빈부의 격차가 벌어지는 것을 예방하기 위한 조처였다.[11] 사실상 가문의 땅을 사는 것은 권리라기보다는 고상한 책임이었다. 경제적으로 어려울 때 가문의 일원으로 이 책임을 회피하는 것을 매우 수치스러운 일로 여겼기 때문이다. 하나멜은 예레미야에게 다음과 같이 말하면서 이를 분명히 언급한다. "너는 베냐민 땅 아나돗에 있는 나의 밭을 사라. 기업의 상속권이 네게 있고 무를 권리가 네게 있으니 너를 위하여 사라"(렘 32:8).[12]

예레미야는 이 초대가 다름 아닌 여호와의 말씀임을 즉시 알아차린다. 본문은 뒤이어 이루어진 거래, 매매가격, 증인 그리고 거래가 이루어졌음을 증명하는 적법한 서류 제출 등에 대해 상세히 언급한다(9-14절). 기본적으로 여기서 진행되는 모든 일이 이스라엘의 언약 생활이라는 정황 안에서 친척들 사이에 이루어지는 정상적이며 적법한 거래임을 암시하는 듯하다. 하지만 그 거래에서 우리를 가장 놀라게 하는 대목은 바로 이 모든 것이 일상적인 거래처럼 이루어지는 것처럼 성경이 기술한다는 점이다. 이 당시가 전시였음을 기억할 필요가 있다. 이 거래는 모든 게 비일상적으로 돌아가던 그 땅에서 언약의 샬롬을 지켜내려는 의도를 지닌 일상적인 (혹은 규범적인!) 거래였다. 이 거래는 규범을 지키고, 사회적인 혼돈의 상태에서 언약법을 준수하는 행위, 무법적 상황에서 법을 성취하며 혼란스러운 세상의 질서에 역행하는 일이었다. 우리는 소유지가 완전히 없어져버리기 직전에, 포로로 끌려가기 직전의 상황에서 이루어진 토지 거래를 목격하게 되는데 이와 같은 행위는 절망의 한가운데서 소망을 품는 행위인 것이다!

　그러한 상황에서 땅을 사는 것은 온갖 경험적인(실로 거대한!) 증거에 공공연히 반대되는 진정한 소망의 행위다. 본문이 이 거래에 관한 정보를 상세히 제공하는 것은 이 모든 것이 통상적으로 이루어지는 지극히 합법적이고 일상적인 일임을 강조하기 위해서다. 역사가 끝나가고 문화가 쇠퇴하고 있음에도 불구하고 한 개인이 할 수 있는 가장 급진적인 일이란 샬롬을 가져오는 일상적인 문화 활동에 계속 관여하는 것이라고 본문은 말하고 있다. 바벨론 사람들이 문앞에 와 있을 때 당신이 해야 할 일은 무엇인가? 그것은 바로 적진에 있는 땅을 사 두는 것. 모든 사람이 당신이 소망을 품고 있음을 볼 수 있도록 증인들 앞에서 땅을 사는 것이다(12-13절).

　겉보기에 불가능한 상황에서 어떻게 이러한 거래가 이루어질 수 있는지 그 이유를 15절이 분명히 보여준다. 예레미야가 이 땅을 살 수 있는 것은 바로 지금의 재앙 너머, 지금의 종말론적 삶 너머, 슬픔 너머, 땅을 잃음, 더럽힘, 바벨론의 침략, 가뭄과 포로생활 너머를 볼 수 있는 비전을 예레미야가 갖고 있었기 때문이다.

　　만군의 여호와 이스라엘의 하나님께서 이와 같이 말씀하시니라.
　　사람이 이 땅에서 집과 밭과 포도원을 다시 사게 되리라.

　예레미야가 밭을 살 수 있었던 것은 그러한 소망을 품고 회복을 기대했기 때문이다. 말하자면 그 밭은 소망에 대한 계약금인 셈이다. 우리는 소망을 힘입어 살아간다.[13] 새롭게 되고 약속의 땅으로 귀환하며 회복될 가능성이 없다면, 구속(땅과 피조 세계 전체의 구속)에 대한 소망이 없다면, 포로생활과 역사의 종말에 직면한 상황에서 남는 것이라고는 절망뿐이다. 그렇다면 차라리 무감각해지는 편이 낫다. 절망의 구렁텅이에 빠지는 편이 더 낫다. 소망이 없다면 우리의 역사인식은 아무런 힘이 되지 않기 때문이다. 하지만 예레미야는 소망을 품는 급진적 행위로 무감각과 마비에 철퇴를 가한다. 그는 밭을 산다.

이 이야기에 뒤이어 나오는 예레미야의 기도(17-25절)에서뿐 아니라 여호와의 두 가지 응답(26-35, 36-44절)에서도 역사에 대한 급진적 소망의 기초는 다름 아닌 하나님의 구속 행위다. 자신의 "위대한 힘과 펼친 팔"로 만물을 창조하시고, 그 팔로 이집트에서 노예생활을 하던 이스라엘을 구원하여 젖과 꿀이 흐르는 땅으로 인도하시며, 바벨론의 침략을 이용해 이스라엘을 심판하실 때 예레미야더러 밭을 사라는, 누가 보더라도 터무니없는 행위를 하도록 지시하시는 분은 다름 아닌 하나님이시다(17, 21, 22, 24-25절). 그러나 땅을 사라는 그 행위의 의미는 하나님의 창조적 주권뿐 아니라 그분의 깊은 고뇌와 분노라는 배경에 비추어서만 이해할 수 있다. 이것이 예레미야의 기도에 대한 여호와 응답의 첫 번째 부분에 잘 드러난다.

소망을 다루는 구절들 가운데서 심판이라는, 예레미야서 전체의 어마어마한 이 주제를 본문이 다시 한 번 다룬다는 사실이 흥미롭다.[14] 26-35절에서 하나님은 이렇게 말씀하시는 듯하다. (17절의 예레미야의 기도에 대한 응답에서)"네 말이 맞다. 유다의 파멸, 유다의 종말, 그리고 유다의 이데올로기적 허세의 종결을 비롯해 나 여호와가 하지 못할 것은 하나도 없다." 그런데도 밭에 관한 전체적인 이야기 한가운데서, 소망 한가운데서 우리에게 거듭 이 이야기를 들려주는 이유는 무엇인가? 그것은, 우리에게는 진정한 소망이 필요하며, 하나님 자신만이 소망의 궁극적 원천이지만, 값싼 소망은 그 어느 것에 대해서도 단호히 거부하고, 값싼 은혜에 대해서 결단코 아니다 라고 말하는 것이 하나님의 방식이며, 이 은혜가 절대로 값싼 것이 되지 않도록 소망이 제공되는 상황, 언약 백성이 혐오스러운 존재가 되었다는 사실을 거듭 우리에게 일깨워줄 것이다. 여호와는 직설적으로 말씀하신다. "이스라엘 백성과 유다 백성은 젊은 시절부터 내가 보기에 악한 일만을 하였다. 참으로 이스라엘 백성은 자기들의 손으로 만든 우상으로 나를 화나게만 하였다"(30절, 새번역). 여기서 여호와는 극단적인 언어를 사용하신다. 악한 일"만"이라고 여호와는 말씀하신다. 그분이 화가 머리끝까지 나셨다는 걸 충분히 느낄 수 있는 대목이다. 그러나 이 부분의 마지막에서 그분은 화를 내실 뿐 아니라 매우 난처해하고 계신다.

그들은 힌놈의 아들의 골짜기에 바알의 신당을 건축하였으며 자기들의 아들들과 딸들을 몰렉 앞으로 지나가게 하였느니라. 그들이 이런 가증한 일을 행하여 유다로 범죄 하게 한 것은 내가 명령한 것도 아니요 내 마음에 둔 것도 아니니라(35절).

난처함이라는 단어는 적절치 않다. 괴로운 나머지 눈앞에 펼쳐진 일에 기가 막혀 어떤 말도 못하신다고 하는 편이 낫다. 그리고 다시 몰렉이 언급된다. 우리는 앞의 2장에서 현 세대가 피조 세계를 착취하는 것을 몰렉에게 아이를 희생제물로 바치는 것에 비유해 다뤘다. 그리고 우리는 그 이미지가 엄청난 혼란을 일으킨다는 것을 알았다. 솔직히 그 자료를 처음 소개하면서 나는 흐르는 눈물과 떨리는 목소리를 주체할 수 없었다. 여기서 우리는 그러한 행태에 대한 하나님의 반응이 이와 비슷하다는 사실을 알게 된다. 아이를 제물로 바치는 행위는 너무나 혐오스러워 하나님은 그런 행위를 결코 용납하지 않으신다. 하나님은 이런 해괴망측한 짓을 상상조차 하실 수 없는 것이다! 하나님은 그런 작태에 대해 자신의 전지(全知)의 범위가 침해당하는 것인 양 말씀하신다! "정말 기가 막혀서 말이 안 나온다! 내가 아무리 포기했기로서니 내 백성이 이런 짓을 하리라고는 상상조차 하지 못했다."

여기서 우리는 하나님의 목소리에 담긴 비통함을 느껴야 한다. 그분의 비통함에 깊이 공감할 수 있을 때라야 우리는 여호와가 들려주시는 소망의 목소리를 제대로 들을 준비를 하게 될 것이기 때문이다. 밭을 사는 행위에서 발견하는 소망의 의미는 우리가 하나님의 분노와 고통 안으로 침잠한 이후뿐이다. 이것이 36-44절에 나타난다. 예레미야야, 가서 밭을 사라. 바벨론을 코

앞에 닥치게 하시고, 서구와 후쿠야마의 잰 체하는 세계관에 종지부를 찍으시며, 우상을 숭배한 우리에게 심판을 내리시는 주님은 실로 능치 못할 일이 없는 하나님이시다. 그분은 소망의 하나님이시다! 이스라엘과 유다 백성이 저지른 소행과 날카로운 대비를 이루는 32장의 이 마지막 대목은 앞으로 여호와가 하실 일에 전적으로 초점을 맞춘다.

> 내가 틀림없이 그들을 모아들일 것이다 …
>
> 내가 그들을 돌아오게 할 것이다 …
>
> 내가 그들에게 한마음을 줄 것이다 …
>
> 내가 영원한 언약을 그들에게 세울 것이다 …
>
> 내가 그들에게 복을 주기 위하여 그들을 떠나지 않을 것이다 …
>
> 내가 나를 경외함을 그들의 마음에 둘 것이다 …
>
> 내가 기쁨으로 그들에게 복을 줄 것이다 …
>
> 내가 이 백성에게 허락한 모든 복을 그들에게 내릴 것이다 …
>
> 내가 그들의 포로를 돌아오게 할 것이다 …

예언자적 역전의 사례는 얼마든지 있다. 땅을 빼앗겨 포로생활을 하던 자들은 유산으로 물려받은 땅으로 돌아오게 될 것이다. 갈기갈기 찢긴 공동체는 한마음 한뜻을 이루게 될 것이며 깨어진 언약은 영원하며 새롭게 된 언약으로 대체될 것이다. 그들을 포로생활로 내모셨지만 하나님은 복 주시는 일을 절대 중단하지 않겠다고 약속하신다. 바벨론의 공포 대신 하나님 경외하는 마음을 품게 될 것이며 하나님의 분노와 고뇌가 그들에게 즐거이 선을 베푸시는 것으로 바뀌듯이 그들의 울부짖음과 슬픔은 웃음과 춤으로 바뀔 것이다. 하나님과 언약관계를 맺음으로써 얻었던 이득인 피조 세계의 축복과 온전함이 다시 회복될 것이다.

> 너희가 말하기를 황폐하여 사람이나 짐승이 없으며 갈대아인의 손에 넘긴 바 되었다 하는 이 땅에서 사람들이 밭을 사되, 베냐민 땅과 예루살렘 사방과 유다 성읍들과 산지의 성읍들과 저지대의 성읍들과 네겝의 성읍들에 있는 밭을 은으로 사고 증서를 기록하여 봉인하고 증인을 세우리니, 이는 내가 그들의 포로를 돌아오게 함이니라. 여호와의 말씀이니라(43-44절).

이게 다인가? 이것이 회복에 관한 전부인가? 그렇다. 하지만 이것들은 우리 모두가 이 세상에 살면서 늘 겪는 일상적인 것들이 아닌가? 밭을 사고팔며, 적법한 증인을 세우고, 피조 세계에서 문화생활을 정상적으로 지속하는 일, 이것이 정녕 회복에 관한 전부인가? 43-44절에 따르면, 그리고 성경 전체의 증언에 따르면, 이것이 정확히 구속에 관한 모든 것—주님이 기뻐하시는 방식으로 피조 세계와 문화 활동이 회복되는 것—이다.

위기의 시대에 우리가 예수 그리스도 안에서 갖고 있는 소망을 체험하고 그 소망을 증언하기 위해 우리가 해야 할 일은 무엇인가? 가서 밭을 사는 것이다. 바꾸어 말해, 역사의 종말에서 우리가 기독교 공동체로서 할 수 있는 가장 급진적인 일은 우리의 문화생활을 두루 진척시키는 것이다. 세상의 시스템 전체가 경제지상주의라는 몰렉과 같은 신에게 우리 아이들을 제물로 바치는 데 혈안이 되어 있는 것처럼 보일 때 아이를 갖는 것은 소망을 향한 진지한 행위의 첫걸음이 된다. 세상 전체가 우리 주위에서 산산조각 나는 듯 계속되는 경제 붕괴, 지정학적 혼란 그리고 악몽과도 같은 환경파괴가 눈앞에 펼쳐지고 있다. 세상이 벼랑 끝으로 치닫을 것이 뻔한 이러한 세상 안으로 우리 자녀들을 들여보내려면 믿음과 용기가 필요하기 때문이다.

또한 끝모를 탐욕과 도가 넘은 보호주의가 판을 치는 시장에서 청지기의 사명에 충실하고 환경보호에 각별히 신경 쓰며 모든 사람, 특히 가난한 사람들을 위해 피조 세계의 자원을 공평하게 나누어 쓰고 사회적 책임을 다하려 할 때 기독교적 소망이 드러난다. 예레미야는 약속의 땅에는 가난한 사람이 있어서는 안된다는 것을 특별히 명시한 법을 따라 적진 손아귀에 있는 땅을 구입함으로써 법을 지켰다. 만일 우리가 피조 세계 전체가 회복된 약속의 땅으로 바뀔 것이라는 소망을 품고 살아간다면 우리의 경제활동은 여기에 초점을 맞춰 행동해야 한다.

"어떻게 살아야 하는가?"라는 질문에 대한 답은 "우리가 무엇을 소망하며 살 것인가?"라는 질문에 대한 답이라는 것이 중요하다. 당신의 소망을 이 땅에서의 삶과 완전히 유리된 천국에서 찾고자 한다면 그 소망을 드러내는 방식을 교제, 교회 출석, 개인전도, 예배, 기도와 같은, 이른바 영적인 것에서만 찾게 되는 것은 당연한 일이다. 하지만 새로운 피조 세계, 즉 이 피조 세계에서의 삶의 회복에 소망을 둔다면 적진에 있는 밭을 사는 것과 같은 속세적인 일은 그러한 소망에 대한 강력한 상징이 된다. 그러한 밭을 사는 것은 "이 모든 불안, 붕괴, 파괴의 한가운데서도 이 세상은 여전히 하나님의 세상이고 그분은 이 세상을 반드시 회복시키실 것이다"라고 선포하는 것과 같다. 우리는 믿음으로 우리의 소유라고 주장해야 할 적진에 있는 밭이 무엇인지를 먼저 확인해야 한다. 그러면 우리의 삶에서 그러한 구속을 요하는 밭들은 어떤 것들인가? 지금 강력하고 파괴적인 정사들과 권세들의 억압을 받는 삶의 국면들은 어떤 것들인가? 이 질문에 대한 답은 말 그대로 모든 국면이 그러한 억압 아래 고통받고 있다고 말하는 것일 것이다. 그 결과 우리는 삶의 모든 국면에서 포로생활 너머, 현재의 위기 너머 삶에 대한 소망이라는 급진적이며 때로는 상징적인 행위에 참여하게 된다. 우리는 일터에서 침실에 이르기까지, 회의실에서 교실에 이르기까지, 극장에서 식당에 이르기까지 우리 삶의 모든 국면에서 하나님의 샬롬, 하나님의 구속적 임재를 체험할 방법들을 찾아내야 한다.[15] 우리 삶에는 수많은 영역들이 있는데, 장차 완전한 형태로 다가올 창조적으로 회복시키는 나라를 미리 맛보기 위해 우리가 공동체 안에서 그리고 성령의 치유하시는 임재와 더불어 투쟁해야 할 것이 바로 이 삶의 모든 공간에서다.[16]

여전히 "기적을 기다리며"

물론 그러한 회복은 상상하기 쉽지 않다. 실로 그것은 말 그대로 기적과도 같은 것이다. 하지만 우리는 손꼽아 그 기적을 기다려야 한다. 이로 인해 우리는 콕번이 자신의 노래 "기적을 기다리며"에서 직조하는 이미지들을 다시 한 번 생각하게 된다.

땡볕에서 일하는 그들을 보라
웃음거리가 된 성자들과 낙오자들
일하면서 밤이 오기를 기다리네
그리고 기적을 기다린다네


바깥 어느 곳에 서늘한 곳이 있다네
평화와 균형이 다스리는 곳
신비로운 보석과 같은 미래를 위해 일하며
기적을 기다린다네


당신은 손바닥을 비빈다
창살 위에서
볼 수 있으리라는 희망을 품고
당신은 당당하게 일어나
강한 사람인 척한다
그렇게 될 수 있다는 소망을 품고

눈물을 흘려온 사람들처럼

죽어 없어진 사람들처럼

우리 안에 있는 천사를 자유롭게 해주려 애쓰며

그들이 기적을 기다리는 동안에


1달러를 벌기 위해 분투하고,

10센트를 벌기 위해 안간힘을 쓰며

과거에서 벗어나 현상을 유지하려 애쓴다

그런데 어째서 역사는 그처럼 긴 시간을 필요로 하는지

당신을 기적을 기다리고 있는데


이 노래는 니카라과 혁명이 일어난 지 7년 뒤인 1986년 1월 수도 마나과에서 작곡되었다. 이 노래는 예레미야의 소망과 정확히 공명하는 잘 단련된 소망을 묘사한다. 또한 내가 이 장에서 말하고자 했던 그런 소망을 잘 담고 있다. 이 노래에서 승리주의 같은 어조는 찾아볼 수 없다. 독재자가 사라졌으니 평화롭고 풍요로운 낙원의 땅이 될 것이라는 막연한 기대도 없다.[17] 이 노래는 고난과 실망으로 단련된 소망이 담겨 있다. 기적을 기다리는 사람들은 "웃음거리가 된 성자들"일 뿐 아니라 "낙오자들"이기도 하지만 소망은 절망을 아는 바로 그 사람들의 몫이다. 콕번의 노래에서 서늘한 밤을 바라는 것이 무엇을 의미하는지 아는 사람들은 따가운 햇살을 받으며 밖에서 일하는 자들이다. "평화와 균형이 다스리는" 곳을 바랄 수 있는 자들은 억압과 전쟁으로 인한 고통을 아는 사람들이다. 실로, "볼 수 있으리라는 소망을 품고 먼지 묻은 창살 위에서 손바닥을 비비고" 있는 사람이라면 자신의 시각이 심히 왜곡되어 있고 오염되어 있음을 이미 알고 있는 사람이다. "과거에서 벗어나 현상을 유지하고자 애쓸" 사람들은 과거가 우리를 막다른 골목으로 이끌었음을 아는 사람들뿐이다. 정직하게 질문할 수 있는 사람들은 오로지 그러한 사람들뿐이다. "그런데 당신이 기적을 기다리고 있을 때 역사는 어째서 그처럼 긴 시간을 필요로 하는지!"

3장에서 우리는 기독교의 애통은 수동적인 포기가 아니라 사물이 마땅히 존재해야 할 방식에 대한 심오한 비전으로 사물의 현재 존재 방식을 적극적으로 거부하고 뒤엎는 것임을 살펴보았다. 그러한 눈물에는 힘이 있다. 이번에는 적극적인 면을 생각해 보자. 역사의 종말에 선 기독교의 소망은 실로 기적을 기다리는 것이다. 하나님 나라, 곧 피조 세계의 회복은 우리가 만들어내는 것이 아니다. 승리주의는 실망과 냉소만을 낳을 것이다. 그러나 모든 실망과 냉소가 수동적인 기다림만을 의미하지는 않는다. 기적을 기다린다는 이유만으로 우리는 "신비로운 보석과 같은 미래를 향해 일할" 힘을 얻을 수 있기 때문이다. 이것은 적극적인 기다림이다. 예레미야라는 이름의 "웃음거리가 된 성자"는 적진의 한가운데에 있는 밭을 산다. 콕번의 "웃음거리가 된 성자들"은 밖에 나가 "땡볕에서" 그 밭을 일군다. 예레미야와 콕번 모두 문화 변혁의 과제를 일상 안에서 수행하면서 깊은 소망을 표출해 내고 있다. 이것이 바로 세상을 뒤엎는 기독교의 소망이다.

## 1장 바벨론에서 하나님 드러내기

1) Edward Vanderkloet, "Why Work Anyway?" in *Labour of Love: Essays on Work* (Toronto: Wedge Publishing, 1980), 34쪽에서 인용. 이 책은 노동에 대한 기독교적 관점을 다룬 논문집이다.

2) 예를 들어, Alan Storkey의 책 *Transforming Economics: A Christian Way to Employment* (London: Third Way Books and SPCK, 1986) 및 Donald Hay의 *Economics Today: A Christian Critique* (Leicester: Apollos Press, 1989)를 보라. 『현대 경제학과 청지기 윤리』(IVP 역간)

3) 우리 문화의 정황에서 질서를 뒤엎는 영성의 본질에 대한 깊이 있는 논의로는 John Francis Kavanaugh, *Following Christ in a Consumer Society: The Spirituality of Cultural Resistance* (Maryknoll, New York: Orbis Books, 1981)를 보라.

4) 가장 최근에 이 신화를 주창하는 사람에 따르면 서구의 지성, 기술, 경제가 발전했다는 이 이야기는 순전히 "인류 전체의 이데올로기적 유산"에 불과하다. 물론 여기에는 (바로 얼마 전까지 대다수 세계문화를 포함하는) 이 특별한 신화가 역사적으로 활성화되지 않은 문화들은 이 공동의 이데올로기적 유산에서 철저히 배제된다는 뜻이기도 하다. Francis Fukuyama, "The End of History?", *The National Interest* (1989년 여름 호), 9쪽을 보라. 나는 이 책의 3장에서 후쿠야마의 입장을 평가하고 비판할 것이다.

5) 이 신화는 내가 J. Richard Middleton과 공저한 *The Transforming Vision: Shaping a Christian Worldview* (Downers Grove: IVP, 1984)의 8장과 9장에서, 그리고 취임 강연인 *Who Turned Out the Lights? The Light of the Gospel in a PostEnlightenment Culture* (Toronto: Institute for Christian Studies, 1989)에서 매우 상세히 다루었다. 이 이슈에 대해서는

다음 장에서 다시 다룰 것이다.

서구사회에서의 이상적 진보를 다룬 가장 중요한 연구 중 하나
는 Bob Goudzwaard의 *Capitalism and Progress: A Diagnosis of Western
Society* (Toronto and Grand Rapids : Wedge and Eerdmans, 1979) 『자본주의
와 진보사상』(IVP 역간)이다. Langdon Gilkey, *Society and the Scared:
Toward a Theology of Culture in Decline* (New York: Crossroad, 1981) 또한
유용한 책이다.

6) "The Trouble With Normal" ⓒ 1983 Golden Mountain Music Corp.
Bruce Cockburn 작사 및 작곡. *The Trouble With Normal*이라는 앨범
에서 발췌. 허락을 받고 사용.

7) 이 말은 히브리인들이 바벨론에서 포로생활을 하기 전에는 창조
이야기가 없었다는 뜻이 아니다. 창세기 1-3장의 실제 이야기가 언
제 이스라엘에 전달되었는지에 관해 고찰하려는 것도 아니다. 실제
로, 뒤이은 주석은 바벨론의 창조 이야기와 신화적으로 병행되고
대비되는 것에 상당 부분 의존한다. 따라서 시기적으로 분명히 이
스라엘의 바벨론 포로생활보다 앞서는 바벨론 신화는 그 자체로 고
고학적 중요성을 지니며 히브리인들의 창조 이야기는 이집트 신화
에 대한 반론으로도 읽힐 수 있음을 주목해야 한다. 여기서 역사적
이며 주석적인 관점에서 말하고자 하는 바는 창조 이야기가 바벨론
포로 기간 동안 쓰였을 가능성이 있으며 이 이야기가 그 정황에서
질서를 뒤엎는 기능을 했다는 점이다. 그렇다고 창세기 1장의 오래
됨(antiquity)을 부정하는 것은 아니다.

8) 이 주석에서 발견하게 될지도 모를 통찰은 내 친구 Richard
Middleton이 작성한 미발행 설교문인 "용의 이빨 안에서 춤추기"
(Dancing in the Dragon's Jaws)에 힘입은 바 크다. 해석상의 실수는 전적
으로 나의 책임이다.

또한 Allen Verhey의 설교 "In Praise of the Mighty and Creative
Word", *Reformed Journal* 40 (No. 4) (1990년 4월), 9-11쪽을 보라.

9) 이제는 고전이 된 Bernhard Anderson의 *Creation Versus Chaos: The
Reinterpretation of Mythical Symbolism in the Bible* (Philadelphia: Fortress

Press, 1987)은 성경적 창조관과 바빌론 창조관의 관계를 탁월하게 논의하고 있다. 보다 철학적 관점에서 바빌론의 신화를 기술한 것에 대해서는 Emerson Buchanan이 번역한 Paul Ricoeur, *The Symbolism of Evil* (Boston: Beacon Press, 1967) 『악의 상징』(문학과 지성사 역간), 2부, 1장을 보라. 에누마 엘리쉬에 대한 보다 상세한 논의와 번역에 대해서는 Alexander Heidel, *The Babylonian Genesis: The Story of Creation*, 2nd edn. (Chicago: University of Chicago Press, 1951) 『고대 근동의 창조실화와 홍수설화와 구약성경의 비교』(엠마오 역간)을 보라.

10) Middleton, "Dancing in the Dragon's Jaws", 4쪽.

11) 이처럼 왕, 더 나아가 왕궁의 다른 구성원들을 신들의 '형상'으로 밝히는 것에 대한 증거는 비록 에누마 엘리쉬 자체에서는 찾을 수 없지만 바벨론을 비롯한 고대 근동 문화들에서는 널리 퍼져 있다. 이에 대한 상세한 논의에 대해서는 D. J. A. Cline, "The Image of God in Man", *Tyndale Bulletin* 19 (1968), 80-5쪽을 보라.

12) 하나님의 형상이라는 개념에 대한 상세한 논의에 대해서는 내가 쓴 *The Transforming Vision*의 2부와 Douglas John Hall, *Imaging God: Dominion as Stewardship* (Grand Rapids and New York: Eerdmans and Friendship Press, 1986)을 보라.

13) Walter Brueggemann 또한 *The Land: Place as Gift, Promise and Challenge in Biblical Faith* (Philadelphia: Fortress Press, 1977) 『성경이 말하는 땅』(CLC 역간)에서 피조 세계가 은사를 부여받았다는 특징에 대해 논하고 있다.

14) 청지기직의 본질에 대한 상세한 논의에 대해서는 Wesley Granberg-Michaelson, *A Worldly Spirituality: The Call to Take Care of the Earth* (San Francisco: Harper and Row, 1984)와 Loren Wilkenson 외 여러 사람이 쓴 *Earthkeeping: Christian Stewardship of Natural Resources* (Grand rapids: Eerdmans, 1980)를 보라.

15) *Climax of the Covenant: Christ and the Law in Pauline Theology* (Edinburgh and Minneapolis: T & T Clark and Augsburg/Fortress, 1991), 제4장에서 이 본문에 대한 Tom Wright의 입장과 비교하라.

## 2장 세계관을 넘어 삶으로

1) Reginald Bibby, *Fragmented Gods: The Poverty and Potential of Religion in Canada* (Toronto: Irwin Publishing, 1987), 213쪽.

2) Theodore Roszak, *Where the Wasteland Ends: Politics and Transcendence in a Postindustrial Society* (Garden City, NY: Doubleday, 1973), 412쪽.

3) Os Guinness, *The Gravedigger File: Secret Papers on the Subversion of the Modern Church* (London: Hodder and Stoughton, 1983), 31쪽. 『무덤파기 작전』(낮은울타리 역간)

4) 내가 쓴 『그리스도인의 비전』을 참고하라.

5) Steve Shaw가 자신이 쓴 훌륭한 책 *No Splits* (London: Marshall Pickering, 1989)에서 제기하는 문제가 바로 이와 같은 복음에 대한 왜곡이다.

6) 미들턴과 나는 『그리스도인의 비전』 제7장에서 그렇게 주장했다.

7) 이 자료를 처음 접하는 사람들은 그러한 신념을 지니기는 했지만 이 책의 모든 독자들이 개혁주의 전통에 쉽사리 공감하리라고 생각하지 않는다. 그럼에도 불구하고 내가 이 단락들에서 제기하는 '지성주의'의 문제는 세련되고 지적인 신앙을 가져야 한다고 진지하게 생각하는 여러 종파의 그리스도인들과 관련이 있을 것이라고 생각한다.

8) 우리의 삶 전체를 하나님께 맡기는 것이 어떤 의미인지를 알게 하기 위해 자아, 패션, 놀이, 영적 성장, 정의와 저녁 파티처럼 다양한 삶의 측면들을 또렷이 일깨우는 것이 Steve Shaw가 쓴 책의 큰 장점들 중 하나다. 이를 통해 그는 지성주의의 굴레에서 벗어날 수 있도록 돕는다.

9) 세계관과 삶이 역동적 상호관계를 맺는 방식에 대해 가장 유용한 도움을 주는 것은 James Olthuis의 논문 "On Worldviews", *Christian Scholar's Review* 14 (1985), 153-164쪽이다. (이 논문은 캐나다 M5T 1R4, 온타리오 주 토론토, 칼리지 스트리트 229 소재 기독교학문연구소에서 입수할 수 있다.)

10) 카리스마적인 전통과 개신교 전통 사이의 교류가 가장 큰 결실을 맺을 수 있는 것은 정확히 이 접점일 것이다. 카리스마적인 체험은 우리의 세계관을 변혁하여 우리를 지성주의에서 해방하고 우리가 마음껏 상상력을 발휘하여 문화 변혁을 꾀하게 할 수 있도록 도울 것이다. 그러나 유감스럽게도 카리스마적인 세계관에 대한 가장 최근의 연구들은 큰 도움이 되질 못했다. John Wimber의 *Power Evangelism* (New York: Harper and Row, 1986)『능력 전도』(나단 역간)의 경우, 교회를 허약하게 만드는 일종의 이원론을 넘어서지 못하고 있다.

11) Bob Goudzwaard의 *Capitalism and Progress: A Diagnosis of Western Society* (Toronto and Grand Rapids: Wedge and Eerdmans, 1979)보다 더 설득력 있게 이를 주장한 책은 없다.

12) Walter Isaacson, "After the Fall", *Time* 130 (No. 19) (1987년 11월 2일), 18-19쪽.

13) 위의 책, 19쪽.

14) 우리의 길을 비추는 빛으로서의 성경에 대한 심오하면서도 설득력 있는 논의에 대해서는 Hendrik Hart, *Setting Our Sights by the Morning Star: Reflections on the role of the Bible in Post-Modern Times* (Toronto: Patmos Press, 1989)를 보라.

15) Bob Goudzwaard의 *Idols of our Time* (Downers Grove: IVP, 1984)『현대 우상 이데올로기』(IVP 역간)을 보라.

16) 나의 동료 Calvin Seerveld는 성경의 지혜에 대해 깊이 있게 고찰해 왔다. 그의 고찰은 *Rainbows for the Fallen World: Aesthetic Life and Artistic Task* (Toronto: Tuppance Press, 1980)로 열매를 맺었다.

17) Walter Brueggermann, *The Prophetic Imagination* (Philadelphia: Fortress Press, 1978), 13쪽. 『예언자적 상상력』(복있는 사람 역간) 브루그만이 쓴 다른 책들 가운데 가장 유용하다고 생각되는 것으로는 *The Hopeful Imagination: Prophetic Voices in Exile* (Philadelphia: Fortress Press, 1986), *Hope Within History* (Atlanta: John Knox Press, 1987), *Israel's Praise: Doxology against Idolatry and Ideology* (Philadelphia: Fortress Press, 1988), 그리고 Jeremiah 1-25: To Pluck Up, To Tear Down, *International*

*Theological Commentary Series*, edited by F. C. Homgren and G. A. F. Knight (Grand Rapids and Edinburgh: Eerdmans and The Handsel Press, 1988) 등이 있다.

18) "무감각" 또한 브루그만이 즐겨 사용하는 은유 중 하나이다. 그에게 신세졌음을 거듭 밝힌다.

19) "Candy Man's Gone" © 1983 Golden Mountain Music Corp. Bruce Cockburn 작사 및 작곡. *The Trouble With Normal*이라는 앨범에서 발췌. 허락을 받고 사용. 나는 "The Christian Worldview of Bruce Cockburn: Prophetic Art in a Dangerous Time", *Toronto Journal of Theology* 5 (No. 2) (1989년 가을), 170-87쪽에서도 브루스 콕번의 작품에 대해 논하였다(이 논문은 캐나다 M5T 1R4, 온타리오 주 토론토, 칼리지 스트리트 229 소재 기독교학문연구소에서 입수할 수 있다).

20) Lesslie Newbegin이 쓴 *Foolishness to the Greeks: The Gospel and Western Culture* (Grand Rapids: Eerdmans, 1986)『헬라인에게는 미련한 것이요』(IVP 역간)와 *The Gospel in a Pluralist Society* (Grand Rapids and Geneva: Eerdmans and WCC Publications, 1989) 『다원주의 사회에서의 복음』(IVP 역간, 1998)에서도 많은 가르침을 얻었다.

21) Bob Goudzwaard, *Aid for the Overdeveloped West* (Toronto: Wedge, 1975)와 비교하라. 미들턴과 나 역시 『그리스도인의 비전』 9장에서 이 거짓된 삼위일체에 대해 깊이 있게 논했다.

22) John Dewey, *Reconstruction in Philosophy* (New York: Henry Holt and Co., 1929), 85쪽.

23) J. M. Keynes, "Economic Possibilities for Our Grandchildren", in *Essays in Persuasion* (New York: Harcourt, Brace and Co., 1932).

24) Goody Teachman Gerner, "Growing Pains", *Maclean's 100* (No. 36) (1987년 9월 7일), 37쪽.

25) 다음 장에서 나는 역사의 종말로서의 이 종언에 대해 논할 것이다.

26) Arnold Toynbee, *A Study of History* (London: Oxford University Press), 1권 (1934), 53쪽, 4권 (1939), 1-5쪽과 비교하라. Langdon Gilkey는 Toynbee에게서 이 개념을 빌려와 자신의 논문 "Theology for a Time

of Troubles: How My Mind Has Changed", *Christian Century* 98 (1981년 4월 29일), 474-80쪽에서 사용하고 있다. 이 "험난한 시대"에 대한 Gilkey의 이해를 심층적으로 논의한 것에 대해서는 내가 쓴 *Langdon Gilkey: Theologian for a Culture in Decline* (Lanham, MD: University Press of America), 3장을 보라.

27) Langdon Gilkey, *Religion and the Scientific Future* (New York: Harper and Row, 1970), 90-2쪽 그리고 *Reaping the Whirlwind: A Christian Interpretation of History* (New York: Seabury Press, 1976), 259-60쪽과 비교하라.

28) 자유에 대한 인본주의자의 이해와 그로 인해 불가피하게 초래되는 속박의 상실과의 변증법적 관계는 Goudzwaard, *Capitalism and Progress*, 특히 15장에서 탁월하게 논의되고 있다. 또한 Herman Dooyeweerd의 *Roots of Western Culture: Pagan, Secular and Christian Options* (Toronto: Wedge, 1979), 6-7장을 보라. 『서구 문화의 뿌리』(크리스챤다이제스트 역간)

29) Jonathan Schell, *The Fate of the Earth* (London, Pan Books, 1984).

30) 1990년 여름, 이라크의 쿠웨이트 침공에 대해 서구세계가 이라크를 그처럼 가혹하게 응징했던 것이 바로 그 때문이었다고 생각한다. 주된 이슈는 점령당한 쿠웨이트 국민을 위해 정의를 실현하는 문제가 아니라 중동의 원유에 대한 의존도가 매우 높은 소비적인 생활방식을 어떻게 유지할 것인가였다.

31) 다음 장에서 나는 비탄과 애도라는 주제를 다시 다룰 것이다.

32) Brueggermann, *The Prophetic Imagination*, 44쪽과 비교하라.


## 3장 기적을 기다리며

1) *Time Wars: The Primary Conflict in Human History* (New York: Touchstone Books, 1987), 15쪽에서 Jeremy Rifkin이 인용.

2) 같은 책, 59쪽. 리프킨은 이러한 시간관념을 "인류학적 시간대"라

고 일컫는다.

3) 62쪽에서 리프킨이 인용.

4) (New York: William and Morrow Co., 1986).

5) 역사를 만드는 사람들이 누구인지에 대한 성경적 고찰에 대해서는 Walter Brueggemann, *Hope Within History* (Atlanta: John Knox, 1987), 3장을 보라.

6) "Feast of Fools" © 1978 Golden Mountain Music Corp. Bruce Cockburn 작사 및 작곡. *Further Adventures of* 라는 앨범에서 발췌. 허락을 받고 사용.

7) "The Trouble With Normal" © 1983 Golden Mountain Music Corp. Bruce Cockburn 작사 및 작곡. *The Trouble With Normal*이라는 앨범에서 발췌. 허락을 받고 사용.

8) Francis Fukuyama, "The End of History?", *The National Interest* (1989년 여름), 3-18쪽. 책에 언급된 쪽 번호는 모두 이 논문을 따른 것이다.

9) Allan Bloom, *The Closing of American Mind: How Higher Education Has Failed Democracy and Impoverished the Souls of Today's Students* (New York: Simon and Schuster, 1987). 『미국 정사의 종말』(범양사)

10) 코제브나 후쿠야마의 헤겔 해석이 올바른지에 대해서는 판단을 유보하겠다. 다만 오늘날 헤겔 연구의 세계 최고 권위자 중 한 사람인 Charles Taylor가 코제브와 후쿠야마가 헤겔의 이상주의를 마르크스 유물론의 단순한 도치(倒置)로 해석함으로써 헤겔 사상의 범위와 미묘함을 놓치고 있다고 주장한다는 것은 언급해야겠다. "Balancing the Humors: Charles Taylor Talks to the Editors", *The Idler* 26 (1989년 11월 및 12월).

11) 이러한 관점에서 볼 때 1991년 겨울에 일어난 이라크 전쟁은 절대 사상이 구체화되었음을 아직 눈치 채지 못한 역사적 사회(historical society)와 미국의 주도 아래 연합하려는 후기 역사적 사회(post-historical society) 사이에서 일어난 충돌 중 하나일 뿐이다.

12) 거듭 말하지만, 더 원시적인 역사적 사회들을 상대로 한 이라크 전쟁은 어쩌면 우리가 역사 이후에 느끼는 따분함에 재미를 가져다주

기 위한 소재에 불과할지도 모른다.

13) 같은 책.

14) Jack Cahill, "Dark Victories: Capitalism KOs communism but not everyone is celebrating", *The Toronto Star* (1989년 12월 17일 일요일), B, 1쪽 및 4쪽. Lawrence Shames, "What a long, strange (shopping) trip it's been: Looking back at the 1980's", *Utne Reader* 35 (1989년 9월/10월), 66-71쪽을 보라. 북미 계층에 대한 이 분석은 영국의 복잡한 계급 구조와는 달리 경제적 요인에만 기초하고 있음을 우리는 주목해야 한다.

15) 후쿠야마는 파시즘의 사망을 선언한다. 내 생각에 부고(訃告)는 시기상조인 듯하다. *An Inquiry into the Human Prospect* (New York: W. W. Norton, 1974)에서의 Robert Heilbroner의 혼란스러운 투사와 비교하라. 글자 그대로 이와 유사한 파시스트 전망에 대해서는 Magaret Atwood, *The Handmaid's Tale* (Boston: Houghton Mifflin, 1986)을 보라. 영국의 내셔널 프런트(National Front)와 같은 운동의 존재 또한 내 주장이 정당함을 보여준다.

16) 덧붙여 말하자면, 미국의 양당 제도와 오래전 소련권의 특징이었던 단일 정당에 의한 국가통제주의 사이의 유일한 차이점은 '하나'다. 그리고 실제로 정치적·이데올로기적 선택이라는 근본적인 질문을 제기한다는 관점에서 보면 이 특이한 정당은 어떤 변화도 일으키지 않는 듯하다.

17) Jack Cahill, "Dark Victories"와 비교하라.

18) "Call It Democracy" © 1985 Golden Mountain Music Corp. Bruce Cockburn 작사 및 작곡. *Inner City Front*라는 앨범에서 발췌. 허락을 받고 사용.

19) Heilbroner, *An Inquiry into the Human Prospect*, 83쪽.

20) *Time Wars*, 165쪽에서 리프킨이 인용.

21) "Broken Wheel" © 1981 Golden Mountain Music Corp. Bruce Cockburn 작사 및 작곡. *Inner City Front*라는 앨범에서 발췌. 허락을 받고 사용.

22) Peter Berger, *The Social Reality of Religion* (Harmondsworth: Penguin, 1973).

23) 같은 책, 27쪽.

24) 같은 책, 32쪽.

25) 같은 책, 95쪽. 여기서 비포괄적 언어를 사용한 것에 대해 양해를 구한다. 버거는 전에 페미니스트 의식의 광범위한 확산에 대해 글을 쓴 적이 있다. 덧붙여 말하면 후쿠야마는 그러한 의식이 확산된 후에 글을 썼지만 그것을 주목한 것 같지는 않다.

26) Langdon Gilkey, *Reaping the Whirlwind: A Christian Interpretation of History* (New York: Seaburry, 1976), 47-69쪽과 비교하라.

27) Rifkin, *Time Wars*, 154쪽

28) Gilkey, *Reaping the Whirlwind*, 54쪽.

29) 아직도 역사의 수렁에서 허우적대는 사람들과 소규모 전투를 치르는 동안, 순진한 민간인들이 의도와는 달리 스마트하지 않는 폭탄을 맞고 죽음을 당했다고 그들이 진심으로 말할 때 그들은 "부수적인 피해"에 대해 이야기하는 것이다.

30) Walter Brueggemann, *The Hopeful Imagination: Prophetic Voices in Exile* (Philadelphia: Fortress Press, 1986), 43쪽.

31) "Justice" ⓒ 1981 Golden Mountain Music Corp. Bruce Cockburn 작사 및 작곡. *Inner City Front*라는 앨범에서 발췌. 허락을 받고 사용.

32) "Broken Wheel"ⓒ 1981 Golden Mountain Music Corp. Bruce Cockburn 작사 및 작곡. *Inner City Front*라는 앨범에서 발췌. 허락을 받고 사용.

33) Walter Brueggemann, *The Prophetic Imagination* (Philadelphia: Fortress Press, 1978), 60쪽.

34) Walter Brueggemann, *Hopeful Imagination*, 41쪽.

35) "Waiting For A Miracle" ⓒ 1987 Golden Mountain Music Corp. Bruce Cockburn 작사 및 작곡. *Waiting For A Miracle*이라는 앨범에서 발췌. 허락을 받고 사용.

36) "God Bless The Children" ⓒ 1973 Golden Mountain Music Corp. Bruce Cockburn 작사 및 작곡. *Night Vision*이라는 앨범에서 발췌. 허락을 받고 사용.

4장 역사의 종말에 선 기독교의 소망

1) "Waiting For a Miracle" © 1987 Golden Mountain Music Corp. 브루스 콕번 작사 및 작곡. *Waiting For a Miracle*이라는 앨범에서 발췌. 허락을 받고 사용.

2) 여기서 나는 자신을 로마 시민에 걸맞게 대우해 달라는 바울의 마지막 요구에 대한 이야기의 나머지 부분을 굳이 들려줄 생각이 없다. 하지만 이 책을 읽는 독자들이 시간을 내서 사도행전 16장의 이 놀라운 이야기를 읽기를 권한다.

3) 예레미야에 대한 나의 이해와 인식은 토론토의 기독교학문연구소에서 한 과목을 맡아 리처드 미들턴과 함께 강의하면서 매우 깊어졌는데, 강의 시간의 대부분은 예레미야서를 주해하는 데 할애되었다. 다시 한 번 리처드에게 감사를 전한다.

4) 이 예언자에 대한 2차 자료는 무궁무진하며, 모든 자료가 예레미야가 누구인지 그리고 그의 사역의 특징이 무엇인지를 조명한다. 하지만 예레미야의 열정을 가장 잘 포착하는 학자는 월터 브루그만이다. 그의 *Jeremiah 1-25: To Pluck Up, To Tear Down*, International Theological Commentary Series (Grand Rapids and Edinburgh: Eerdmans and The Handsel Press, 1988), "The Book of Jeremiah: Portrait of the Prophet", *Interpretation* 37 (No. 2) (1983년 4월), 130-45쪽, 그리고 "Prophetic Ministry: A Sustainable Alternative Community", *Horizons in Biblical Theology: An International Dialogue* 11 (No. 1) (1989년 6월), 1-33쪽과 비교하라. 1980년대에 출간된 예레미야서에 대한 몇몇 주요 주석들에 대한 브루그만의 비평에 대해서는 그의 논문 "Jeremiah: Intense Criticism/Thin Interpretation", *Interpretation* 42 (No. 3) (1988년 7월), 268-80쪽을 보라.

5) Brueggemann, "The Book of Jeremiah", 138쪽.

6) Brueggemann, "Jeremiah 1-25", 77쪽.

7) 예레미야는 그 땅을 창조질서가 파괴되는 상태로 묘사한다. "혼돈하고 공허하며"라는 표현은 히브리어로 "토후 와보후"(*tohu wabohu*)

이며, 이는 창세기 1:2에서 피조 세계에 질서를 부여하고 형태를 만들기 전의 상태를 연상시킨다.

8) 레위기 18:24-25, 28; 20:22과 비교하라.

9) 창조를 긍정하고 새롭게 하는 구속의 본질은 *The Transforming Vision* (Downers Grove: IVP), 2부에서 상세히 논의되고 있다. 또한 Al Wolters, *Creation Regained* (Grand Rapids: Eerdmans, 1985)『창조 구속 타락』(IVP 역간)와 Steve Shaw, *No Splits* (London: Marshall Pickering, 1989)를 보라.

10) 다음 단락들은 이 본문의 특정한 국면들에 대한 주석을 시도하기 때문에 읽어나갈 때에는 예레미야 32장도 함께 읽기를 권한다.

11) 이것은 레위기 25:25-31에 나타나는 고대사회의 법이었다. 그것은 신명기 25:5-10의 형수취수제(Levirate law · 남편이 죽고 그 아내에게 아이가 없을 때 그 아내를 남편의 형제 또는 근친자가 아내로 삼아야 한다는 옛 유대의 관습–옮긴이)과 비교되며 룻 이야기에서는 그 법에 호소하였다.

12) 예레미야가 하나멜의 가장 가까운 친척이 아니라는 사실이 흥미롭다. 이 사실이 함의하는 바는 하나멜이 예레미야한테 오기 전에 다른 친척들에게 틀림없이 접근했겠지만 뜻을 이루지 못했을 것이라는 점이다. 그러한 상황에서 다른 친척들은 자신들에게 부여된 가족으로서의 책임 그리고 언약의 책임을 다하지 않았던 것으로 보인다.

13) Bob Goudzwaard는 이를 일컬어 우리의 "행복의 지평"이라고 한다. *Capitalism and Progress* (Toronto and Grand Rapids, Wedge and Eerdmans, 1979), 139쪽과 그 다음 쪽.

14) 예레미야 32장은 예레미야서 전체에서 "위로의 책"으로 불리게 된 장들의 일부이다. 이 "위로의 책"은 30-33장을 망라한다.

15) 이 책은 지침서('how-to' book)가 아니기 때문에 나는 여기서 더 구체적으로 설명할 생각이 없다. 이유는 세 가지다. 첫째, 나보다 이러한 이슈들을 더 잘 다루는, 이용 가능한 다른 생활방식에 대한 책들이 꽤 많기 때문이다. [특별히 권하는 책은 D. J. Longacre, *Living More With Less* (Scottdale, PA: Herald Press, 1980)와 Steve Shaw, *No Splits* (London: Marshall Pickering, 1989)이다. 기독교적 관점에서 학문 훈련의 광범위한 범위를 다룬 책

으로는 James Sire, *Discipleship of the Mind* (Downers Grove: IVP, 1990) 『지성의 제자도』(IVP 역간), 219-243에서 나와 미들턴이 엮은 "기독교적 지성을 돕는 필수 도서목록"을 보라.] 둘째, 이 책에서 나는 독자들이 자신의 세계관을 형성하는 데 도움을 주는 것을 목적으로 했다. 그런 이유로 나는 우리의 상상력을 해방하는 문제에 더 많은 관심이 있다. 셋째, 그러한 생활방식을 '실천하는 법'(how-to)은 제3자가 거드름피우며 이야기하는 것보다는 기독교 공동체의 일상적 삶에서 잘 형성된다고 나는 굳게 믿고 있다.

16) 우리 삶의 영역들이라는 은유를 사용하게 된 것은 내 친구이자 동료인 James Olthius 덕분이다.

17) 하지만 그러한 승리주의는 니카라과 혁명을 소재로 콕번이 이전에 불렀던 노래들에서도 엿볼 수 있다. 지금 나는 그가 1984년에 발표한 *Stealing Fire*라는 앨범에 실린 "니카라과"와 "먼지와 디젤"이라는 노래를 떠올리고 있다.

# 세상을 뒤집는 기독교

바벨론 시대를 사는 그리스도인의 비전

Copyright ⓒ 새물결플러스 2010

| | |
|---|---|
| **1쇄 발행** | 2010년 10월 8일 |
| **4쇄 발행** | 2020년 7월 31일 |

| | |
|---|---|
| **지은이** | 브라이언 왈쉬 |
| **옮긴이** | 강봉재 |
| **펴낸이** | 김요한 |
| **펴낸곳** | 새물결플러스 |

| | |
|---|---|
| **편 집** | 왕희광 정인철 노재현 한바울 정혜인 |
| | 이형일 나유영 노동래 최호연 |
| **디자인** | 윤민주 황진주 박인미 이지윤 |
| **마케팅** | 박성민 이원혁 |
| **총 무** | 김명화 이성순 |
| **영 상** | 최정호 조용석 곽상원 |
| **아카데미** | 차상희 |

| | |
|---|---|
| **홈페이지** | www.holywaveplus.com |
| **이메일** | hwpbooks@hwpbooks.com |
| **출판등록** | 2008년 8월 21일 제2008-24호 |
| **주 소** | (우) 04118 서울시 마포구 마포대로19길 33 |
| **전 화** | 02) 2652-3161 |
| **팩 스** | 02) 2652-3191 |

ISBN 978-89-963761-9-4 03230

책값은 뒤표지에 있습니다.